人在一起叫
团伙
心在一起叫
团队

罗伟◎著

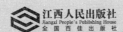

江西人民出版社
Jiangxi People's Publishing House
全国百佳出版社

图书在版编目（CIP）数据

人在一起叫团伙，心在一起叫团队/罗伟著. --南

昌：江西人民出版社，2016.4

ISBN 978-7-210-07911-8

Ⅰ．①人… Ⅱ．①罗… Ⅲ．①企业管理－组织管理学

Ⅳ．①F272.9

中国版本图书馆CIP数据核字(2015)第249761号

人在一起叫团伙，心在一起叫团队

罗伟/著

责任编辑/胡滨　刘荆路

出版发行/江西人民出版社

印刷/固安县保利达印务有限公司

版次/2016年4月第1版

2017年11月第4次印刷

720毫米×1000毫米　1/16　15.75印张

字数/265千字

ISBN 978-7-210-07911-8

定价/36.00元

赣版权登字-01-2015-815

如有质量问题，请寄回印厂调换。联系电话：010-64926437

前 言

所有的失败，都是人不行

京东的创始人刘强东在上市前夕，曾回顾创业的艰辛历程，总结出一句话：企业所有的失败，归根结底，都是人不行。

单枪匹马打天下的草莽时代已经一去不复返了，要在当今社会有所成就，无论三五个人的小事业，还是上万人的大公司，最终都要靠众志成城才能拼下一块立足之地，赢得生存和发展的空间。

天下事，成于人，也败于人。上下同欲，则战无不胜，离心离德，则坏事有余。

凡功成名就之人，在团队管理方面，皆有可圈可点、值得品味的智慧流传于世。

华为的创始人任正非，曾把团队建设之道浓缩为四个字：挣钱、分钱。

联想的创始人柳传志，认为企业管理有三个要素：定战略、搭班子、带队伍。后两者皆与团队管理直接相关。他又进一步指出，带队伍的关键是一把手。

华人首富李嘉诚，把自己半个多世纪驰骋商海而屹立不倒的秘诀归结为自己管理班底的卓而有效，至于用人、管人的智慧，他借用了一个成语：知人善任。这四个字体现了这位商界超人根植于中国传统文化的老派作风。

2014年新晋的中国内地首富马云，身后有一个号称"十八罗汉"的经营团队，搜集他所有关于团队管理方面的言论，最精彩的一句，莫过于"杀掉野狗"。所谓"野狗"，是指与团队价值观不一致的人。

新东方集团的创始人俞敏洪，自称是当年北大英语系最笨的学生，认为自己的成功是由于新东方有徐小平、王强等名师的加盟，他把他们比喻为珍珠，自己就是串起珍珠的那根链子。这个比喻暗合了柳传志关于带队伍就是一把手工程的思想精髓。

把上面这些直击人心的智慧总结出来，并加以对照分析，只是《人在一起叫团伙，心在一起叫团队》这本书的一个功能，因为"知道"只是行动的第一步，只有对照出差别，才能有所行动。因而这本书的第二个功能是给出一些行动的建议和实践的指南。

例如：

团队的一把手该做什么，不该做什么，如何从基本素质开始扮演好自己的角色？这部分内容在第二章。

为什么价值观不一样的人，能力再强也不能久留？如何培育和陈述团队的价值观，并获得团队成员的认同？这部分内容在第三章。

如何选人、任命和选拔？这部分内容在第四章。

如何形成管理制度和管理规范，如何实现制度的执行力？这部分内容在第五章。

如何实现有效的团队沟通？这部分内容在第六章。

如何实施绩效考评和薪酬体系设计？这部分内容在第七章和第八章。

如何实施团队激励？第九章总结了11种激励方法，既是对现有激励理论的全面阐述，又是对激励方法的实操演练。读者单独阅读这一章，即可让自己的管理水平迅速增进。

高绩效团队有哪些特征、思维模式和行为习惯？这部分内容分别在第一章和第十章，第一章的介绍是概括性的，第十章则具体从7个方面进行阐述。第十章特别适合团队集体学习，像"把信送给加西亚"、西点军校奉行的"没有任何借口"、德国企业的"细节决定成败"等7种世界级企业奉行的工作理念都包含在内。

一个篱笆三个桩，一个好汉三人帮。在这个抱团打天下的时代，希望这本有趣而有用的小书，能让你"脑洞"开，团结一切可以团结的人，结成追求卓越的团队，朝着目标全力以赴。

目 录

Part 4 | 找对人做对事，先战友后同事

Part 5 | 用制度管人，靠流程执行

Part 6 | 高效团队的沟通艺术

Part 7 | 高效团队的业绩评价方法

Part 8 | 高效团队的薪酬设计方法

Part 9 | 高效团队的激励方法

Part 10 | 高效能团队的7个思维模式

part 1

团队与团伙的距离只有0.01厘米

人在一起是团伙，心在一起是团队。

——微信热点话题

高效能团队的七个特征

中国文字表示的"团队"，是指有"口""才"和"耳"的一群"人"组成的组织，而只讲不听、只讲不做、不听不做的一群人构成的只是团伙。

德国科学家瑞格尔曼做了一个拉绳实验：

参与测试者被分成了4个组，每组人数分别为1人、2人、3人和8人。瑞格尔曼要求各组用尽全力拉绳，同时用灵敏的测力器分别测量拉力。测量的结果有些出乎人们的意料：2人组的拉力只为单独拉绳时2人拉力总和的95%；3人组的拉力只是单独拉绳时3人拉力总和的85%；而8人组的拉力则降到单独拉绳时8人拉力总和的49%。

这说明，人在一起不一定能发挥出个人最大的潜力。而要改变这种情况，就必须把团伙变成团队。

我们研究一些高效团队，发现他们都具有以下特征：

第一，他们都有清晰的目标。他们都很清楚自己做事的目标，并坚信这一目标包含着重大的意义和价值。在有效的团队中，成员愿意清楚地知道希望做什么工作，以及他们怎样共同工作才能最终完成任务。

如果你只是提出一个建议——"我有一个好主意，咱们来创建一个公司吧……但是具体做什么，这我还没有想清楚，不过我认为这一定是个好主意"。那就让人感觉不到其中的任何意义，让人摸不着头脑，更不知道该怎样行动。

设想一下，如果还没有确定公司经营的目标，那么谁会为一个前途渺茫的事情去浪费时间呢？可是有些时候，一些经理人就是仅仅因为相信"这是个好主意"而组建团队。然而，最终往往使"好主意"变成"坏主意"。

第二，相关的技能。一个高效的团队多是由一群有能力的成员组成的。实现目标所必需的技术和能力是团队成功的基础，在此基础上如果能够良好合作，那么出色完成任务的可能性就很大。

研究发现，高效团队通常离不开有三种技能的人：一个人出主意，有一个人订计划，有一个人实施。

有一个成语叫"狼狈为奸"，狼善奔袭，狈善计谋，狼依靠狈的头脑，狈依靠狼的体能，二者合力，干起坏事来无往不胜。所以，这个成语本意是个十足的贬义词。但是，华为公司创始人任正非却给这个词赋予了新的解读，他所倡导的团队理念之一就是"狼狈文化"，他要求华为内部要形成"狼狈组合"，既要有富有进攻性的狼，又要有精于算计的狈，真正实现前线市场员工的"狼性"和后方支援员工的"狈性"之间的互补。正是这种紧密团结、高度协作的团队理念，使得华为的团队在市场上独树一帜，实力强悍，他们从签合同到实际供货只需要短短四天时间，这种极高的效率不仅让竞争对手心寒，也让客户惊叹。

第三，相互的信任。成员间相互信任是高效团队的显著特征。每个成员对其他人的品格和能力都确信不疑。信任的直接好处是降低内耗，减少为了防备而产生的监督和控制成本。但是信任这种东西是最脆弱的，需要长时间培养但又很容易被破坏。信任交换信任，不信任换来的也是不信任。组织文化和管理层的行为对形成相互信任的群体氛围很有影响。如果组织崇尚开放、诚实、协作的办事原则，同时鼓励员工的参与和自主性，它就比较容易形成信任的环境。

第四，一致的承诺。高效的团队成员对团队具有高度的忠诚和承诺，他们甘于奉献，为了能使团队获得成功，他们甘愿做任何事情，愿意为实现这一目标而调动和发挥自己的最大潜能。他们把自己属于该群体的身分看作是自我的一个重要方面。

第五，良好的沟通。这是高效团队一个必不可少的特点。群体成员拥有畅通的信息交流渠道，有利于信息资源的充分利用，有助于提高工作效率。管理层和团队成员之间的顺畅沟通，有利于消除误解。使团队成员能迅速而准确地了解管理层的想法。

如果领导1人，需要沟通的关系数为1，增到5人时，团队内部需要沟通的关系数就猛增到15。一些团队的忙乱，正是把许多本可用于工作的时间和精力，用到了传递、澄清各种信息、平衡、协调各种人际矛盾与纵横交错的关系上。因此，作为团队领导，既其要尽可能减少冗员，又要通过有效沟通来提高效率，做到反应迅速，指挥灵便。

第六，优秀的领导。优秀的领导者不一定非得指示或控制团队，高效团队的领导者往往担任着教练和后盾的角色，他们对团队提供指导和支持，但并不试图去控制它。有效的领导者能够明确地给成员指出团队的前途和命运，鼓舞成员的信心，让团队跟随自己共渡难关。

管理学家斯蒂芬·罗宾斯根据团队存在的目的，拥有自主权的大小，把团队分为3种类型：

第一种是多功能型团队，这样的团队是由一个组织中同一等级、不同工作领域的员工组成，他们来到一起的目的是完成一项任务。这种团队的领导，重点在于在确定任务之后，能够根据团队成员的专长进行分配工作，并协调他们之间的冲突和人际关系。

第二种是问题解决型团队，侧重点主要是解决问题，团队成员通过调查研究，集思广益，清理组织中存在的问题，为改进组织工作效率等发展问题，献言献策。这种团队领导的重点在于营造一个广开言路的工作环境，让团队成员能够按照时间要求在预算范围内解决某一问题。

第三种是自我管理型团队。例如，美国通用汽车公司有一个附属公司——萨杜恩公司，每个雇员都至少属于一个团队，每个团队由5～15名工人组成。生产流程中自我管理式团队的领导可以对训练、雇用、预算以及作息安排等问题进行决断。

第七，内部支持和外部支持。高效团队的最后一个必需条件就是它的支持环境。从内部条件来讲，团队应该有一个合理的基础结构，包括：适当的培训，一套用以评估员工总体绩效的测量系统和一个起支持作用的人力资源系统。恰当的基础结构应能支持并强化成员行为以取得高绩效水平。从外部条件来看，管理层应给团队提供完成工作所必需的各种资源。

团队的力量最强大

一次，联想运动队和惠普运动队进行了一次攀岩比赛。惠普队不断地鼓励大家的士气，强调团队成员要齐心协力，注意安全，共同完成任务。联想队则在一旁，没有作太多的士气鼓动，而是一直在一旁不断地商量着什么。比赛开始了，惠普队在全过程中遇到了几处险情，尽管大家齐心协力，排除险情，完成了任务，但因为时间拉得太长，最后他们还是输给了联想队。

那么联想队是怎么赢得这场比赛的呢？原来，他们在比赛前分析着队员各自的特点，把每个队员的优势和劣势进行了精心组合：第一个是动作机灵的小个子队员，第二个是一位高个子队员，胆小的女士和身体庞大的队员放在中间，殿后的队员都是具有独立攀岩实力的队员。经过这样的组合，他们轻松地通过，几乎没有险情地迅速完成了任务。

联想团队最终能够赢得比赛，就是能够让团队成员在才能上互补，每个成员都能充分发挥自己的个性和特长，让整个团队产生协同效应，提高了完成比赛的质量和速度。

狼是最懂得团队重要性的，它们每次狩猎成功都是团结合作的结果。当它们选定目标较大的动物时，它们会几只共同围着一个猎物，死死不放过，前面的狼被猎物摔倒了，另一只狼紧追上去，继续撕咬猎物，就这样直到猎物精疲力竭倒在地上，而狼群通过合作获得了一顿大餐。

正是因为狼群懂得合作，所以它们能捕捉到比自己大很多倍的动物。而如果是一只狼去捕捉，则绝大多数情况都是以失败而告终。

就人类本身的生理能量与其他许多动物比较，是非常弱势的。在大地上，人类凶猛不过狮子、老虎，跑不过马和鹿，力气更比不过大象等动物；在天空中，人类飞不过鹰和各种鸟；在水里，人类游不过所有的鱼类。但是，几千年来，人类成为了地球的主人，为什么？就是因为人类用智慧凝聚了团队的力量来掌控世界。

我同学的妹妹参加麦肯锡公司的招聘。她的履历和表现都非常的出色，一路过关斩将，轻而易举地就冲到了最后一关。最后一关的题目是以小组形式集体面试，每当主考官提出问题后，这个女生总是抢先他人，滔滔不绝地回答一番，伶牙俐齿且气势咄咄逼人，根本不给小组其他成员一点发言的机会。考试结束后，她自信满满地走出考场，心里想，录取人员非我莫属了，然而，几天后招聘结果出来了，她落选了。这让她感到非常意外，她不知道自己到底犯了什么错误。

后来我同学从该公司的人力资源部的人员口中得知，面试小组认为尽管这个女生各方面能力都很突出，但是在最后一轮面试中，很明显可以看出她缺乏团队精神，这样的人在公司中工作，对公司的长远发展没有好处。

团队精神是如此重要，以至于一个才华卓越的应聘者缺乏它而遭到淘汰。这是因为，即使你能力再强，但对优秀的团队力量来说，也是微不足道，仅仅依靠个人的力量是难以成就大事的。

项羽在推翻秦王朝的战争中起了非常关键的作用，属于实力派人物，其势力远远超出刘邦，而且他"力拔山兮气盖世"。若论单打独斗，别说他能以一当十，就是以一当百也不为过；在与刘邦争夺天下的过程中，一开始，只要他亲临战斗，则每战必克，刘邦则临战必败，但结果却是刘邦势力越来越大，而他的势力却越来越小，最终落得个被围垓下、自刎乌江的结局。

再看刘邦，不仅本领不如张良、萧何、韩信这"兴汉三杰"，而且还"好酒及色"，早在当亭长时，"廷中吏无所不狎侮"，简直就是地痞流氓。但在与项羽的战争中，却最终打败项羽，夺得天下，胜利还乡，高唱《大风歌》。为什么？刘邦在建国后的一次庆功会上，曾向群臣解释说："夫运筹策帷账之中，决胜千里之外，吾不如子房（张良）；镇国家，抚百姓，给馈饷，不绝粮道，吾不如萧何；连百万之众，战必胜，攻必取，吾不如韩信。此三者，皆人杰也，吾能用之，此吾所以取天下者也。项羽有一范增而不能用，此所以为吾擒也。"

虽然刘邦把胜利的原因归结为他能识人用人，而项羽则不能识人用人，但从团队的角度看，刘邦的胜利，其实也是团队的胜利。刘邦建立了一个人才各得其所、才能适得其用的团队；而项羽则仅靠匹夫之勇，没有建立起一个人才得其所用的团队，所以失败是情理之中的事。

集体奋斗是团队精神的内核

任正非在华为内部说过一段话："华为公司是一个以高技术为起点，着眼于大市场、大系统、大结构的高科技企业。以它的历史使命，它需要所有的员工必须坚持合作，走集体奋斗的道路。没有这一种平台，你的聪明才智是很难发挥，并有所成就的。因此，没有责任心，不善于合作，不能集体奋斗的人，等于丧失了在华为进步的机会。那样您会空耗了宝贵的光阴，还不如试用期中，重新决定您的选择。"这段话是说给新员工听的，意在在新员工入职的第一天，就将集体奋斗的意识灌输到他们的思维中。

事实上，企业为我们提供了很多有利的资源与平台，我们也应该配合企业，理解企业的营销战略、发展愿景和企业文化。我们只有把个人牢牢地"绑"在公司这条大船上，才能与之共进退。员工一定要有这样的意识，自己不是一个人在单枪匹马地战斗，你的身边，还有你的同事、领导，还有团队。在有难题时，在受挫折时，在自己看不清方向迷茫时，不要一个人埋头去苦思苦想，要多与身边的人沟通、求教，必要的时候求助于人。一个团队群策群力、同进同退的力量，要比一个人的战斗力，强大很多很多。

刘畅是联想集团生产部门的一名作业员，她的主要工作是负责将翻倒的零件捡起来以确保生产线不会阻塞。这个工作有点像交通警察，不同的是她得整天盯着生产线看。这原本是非常枯燥乏味的工作，但是当她认识到企业为自己创造了良好的平台，而自己是杰出团队的一分子以后，她的工作态度有了极大的转变。

她说："以前我总是很骄傲地说我是在联想公司工作，当然了，当别人问到我具体负责什么工作时，我就开始转变话题，因为对我来说，要告诉别人我是生产线作业员很难为情。现在情况完全不一样了，当有人问起同样的问题时，我会说我是团队的一分子，而我们的责任就是，以最合理的成本为全世界的用户制造出品质最好的产品。"

像刘畅所从事的工作，其实很普通，但就是这么普通的一个岗位，一样给大家创造了就业的机会、结交朋友的机会、实现自我的机会。心怀感恩的人不会计较这些小的得失，而是满怀激情与喜悦地投入工作中，骄傲地告诉自己"我是企业这个团队的一分子"，同时悄悄地提醒自己："我应该为企业做点什么呢？"

现代企业不可能单打独斗，企业发展靠的是团队合作，在职场中，只有互惠互利，合作才能共赢。进入企业，如果想在工作中取得一定成就，就要学会尽快融入集体，接受和认同企业的价值观念，做一个善于合作的人，让自己被团队所认可和接纳，在集体中找到自己的角色和职责。

支撑华为走到今天的，就是数万华为人无私奉献，拧成一股绳的信念与行动。任正非曾经说过这样一段话："求助没有什么不光彩的，做不好事才不光彩。积极主动、有效地进行求助，是调动资源、利用资源、实现目标的动力。积极、有效、无私的支援是低成本实现目标的最优管理。使资源充分发挥效能，需要文化氛围来启发人们共同奋斗的信念，并约束人们按规定支援。不能良好服务的部门的主官，必须辞职。"群体奋斗中必然少不了互帮互助，只有将互帮互助之间的障碍扫清，员工之间的互助合作才能更好地开展起来。这也企业管理者在这一方面能够发挥的作用。

相应的观点，其他一些企业管理者也是赞同的，并且用自己的行动在践行着。比尔·盖茨说："微软的发展和成功来源于共同努力。很幸运的是我们雇用了一些值得信任的员工。"微软的成功，确实离不开优秀的团队。从最初一起设计软件并创建公司的保罗·艾伦、管理天才史蒂文·巴尔默，到首创"菜单"模式的查尔斯·西蒙伊，再到让微软完全占领欧洲市场的鲍勃·奥利尔……盖茨将这些精英人物凝聚在一起，共同开辟了微软的非凡基业。

微软的任何一个团队，都记着这样一句名言：没有永远的领导与员工。在一个团队里，大家彼此合作，一起打拼，领导与员工之间不会有一道鸿沟。开放的环境形成了开明的领导风气。微软人都有这样的意识：成败皆为团队共有；大家互教互学；互相奉献和支持；遇到困难互相鼓励，及时沟通；依靠团体智慧；承认并感谢队友的工作和帮助；甘当配角。这样具有强烈意识的高素质的团结、协作的集体，形成了积极、向上的士气，这种士气也是微软最宝贵的资产。

　　可以说，微软的员工与比尔·盖茨一起创造了了不起的微软，虽然现在人们一提到微软第一个想到的必是比尔·盖茨，但是，他却深深知道，如果没有背后的团队与自己一起奋斗，一起分享，一起合作，那么，微软或许早就消失在激烈的市场竞争中了。

小成靠个人，大成靠团队

小成功靠个人，大成功必须靠团队。

没有完美的个人，只有完美的团队。

一个人总会有自己的优势和不足，只有融入团队，才能使自己获得更大的发展。

团队的成与败、荣与辱都与我们息息相关，也事关我们的荣辱与前程。团队的成功，也就是我们的成功，团队前途黯然，我们的前途也会很渺茫。团队的失败，也就是我们的失败。我们与团队共命运。

NBA球员深刻明白这个道理。例如，当球队赢得赛季总冠军，那么，球队每名成员都能获得一枚冠军戒指，而冠军戒指是每一个球员毕生的追求，也是他们最大的期望。反过来说，如果他们想要得到冠军戒指，就要寄希望于团队，只有依靠团队成员的共同努力，才能获得成功。球员和球队紧紧地捆绑了在一起。正如伟大的篮球运动员迈克尔·乔丹曾经说过的一句名言那样："一个伟大的球星产生于一个优秀的球队，而一个优秀的球队，也是造就伟大的球星的摇篮。"

纽约时间2014年9月19日上午，阿里巴巴在纽交所成功上市，创始人马云成为中国首富。与此同时，也有1万多名阿里员工成为千万级富翁。

据阿里巴巴提交给美国证券交易委员会的文件显示，1999年创立以来，阿里已经以股票期权和其他股权奖励的形式，向现任和前任员工总计发放了26.7%的股份。按开盘价每股92.7美元计算，阿里员工将分享约636.35亿美元的巨额财富。阿里巴巴目前总共有1万多人拥有股权，以此计算平均每位员工的身家达到约600万美元，折合约3700万元人民币。

这1万多名坐拥巨额财富的阿里员工，在这一刻，一定会为自己当初选择了一个伟大的团队而自豪，也一定会深深感恩这么多年团队对自己的磨砺、挑战和塑造。曾经的艰辛、动摇、付出和坚守，在这一刻，都成为痛并快乐的回忆。

在现代社会，绝大部分就业的岗位和奋斗的平台都是由企业提供的，绝大多数人都要融入企业这个大团队获得生存和发展，所以，需要每个人在内心能树立这种和团队共命运的意识。把自己融入团队，让团队成为自己生命中不可分割的一部分。

当我们成为团队中的一员时，我们要时刻准备为了"我们"舍弃部分"我"的利益。而当我们放弃小我成就"我们"的时候，我们就帮助了团队茁壮成长，也使自己能在团队中长久发展。同时，这种甘于奉献的精神，也会得到团队赞赏，赢得团队其他成员的尊重，这就为我们取得更大的成功铺就了道路，这个回报会比当初的付出大得多。这就实现了我和团队的双赢。

在工作中，公司是一个团队，这个团队给了我们展示才华的平台，给了我们精神的寄托，给了我们生活的保障。所以，我们没有理由不把团队当成自己最重要的一条生命线。没有了团队这个平台，我们就会像断线的风筝，飘浮不定，诚惶诚恐。所以，珍惜我们的团队，不要等到失去了才发现它的可贵。

硅谷老板为何先解雇中国人

一位在美国IT业工作过多年的知名人士说："一个中国人是一条龙，三个中国人就成了虫。"

他发现了一个奇怪的现象：如果老板要想解雇一个亚洲人，在一个中国人和一个日本人之间做选择，那么，被解雇的一定是那个中国人。为什么呢？因为中国IT业的精英们个个都自信有余而和气不足。

同样是亚洲人，在美国人眼里，日本人做软件的一个最大的特点就是整体把握得非常到位，他们的作品特别的清晰，满足了客户提出的所有要求，实现了全部功能，而且软件运行也非常稳定。但是，如果只看具体的代码，其实日本人的水平并不怎么高。

但是，我们中国的软件工程师总是喜欢独自琢磨数据、结构、算法，各干各的。我们对某些特定的开发工具可能非常精通，但却不能保证整个软件被稳定、完整地开发出来。我们做事情不注重对问题本身进行分析，而往往侧重显示个人的技术。

这位IT行业知名人士又举例说：在招聘的时候，中国应聘者和日本应聘者做同一张试卷。当招聘方审阅试卷的时候，会发现日本人做的编程答案好像是有统一的答案，程序结构、注释、变量命名……就连表达方式都非常相似。而中国应聘者，每个人都有自己的一套解题方法。而等到他们真正到了新的工作岗位上时，就会先把前任的程序数落一通，然后自己再开发有更多问题的代码来代替。他们总认为别人做得太差，自己应该再重新做一套，并且自认为自己的非常有创新性。

社会发展到今天，早已经不是靠比拼逞英雄的时候了，在美国，程序员已经被认为是办公室的蓝领了。

在美国或一些其他国家，有许多公司的经理根本就不懂技术。他们虽然不懂得软件技术，但是，他们却知道怎样去领导程序员去做好这份工作，并且没有内部不团结的情况。

而中国企业中，这种现象很少存在，领导者往往是业界精英，即便不是精英，最起码也是要懂得每项工作的内容，是个通才。

否则，领导者就很难让属下信服，如果属下不信服领导，那么下属就会跟他搞鬼，或者偷工减料，或者口是心非，能推的责任尽量推，能揽到的好处从来不推辞。

或者在企业内部搞鬼，使企业不团结。甚至有许多技术高手常常会纠结于同管理层作对，忘了自己工作的目标是要实现自己的梦想或者给自己创造财富。

团队成员在内部不是合作共同进步，而是相互拆台，唯恐哪个比自己升得快，比自己表现得出色。还有些人不愿意跟别人合作，总是防着别人从这里学到什么有用的东西。

例如，中国成立的合伙公司常常是刚有点气色，内部就开始争权夺利，闹分家。给老板打工，刚熟悉点业务就要自立门户。这些都是典型的"三人成虫"现象。

但是，独木难成林，靠一个人是无法撑起一个团队的，必须有团队精神，大家一起努力才行。

否则相互拆台，只能是给自己设置一道道通往成功的障碍，并且独撑一片天是不能长久的。

在生物界，聪明的海豚就是靠团队的力量来捕食的！当一只海豚发现鱼群的时候，它会发出一种声音，把附近的海豚全部叫过来，围成很大的一个圈，紧紧包围住鱼群。所有的海豚全部发出一种声音，鱼群听到后便会惊慌失措、横冲直撞，但这时所有的海豚并不急着吃鱼，而是再次发出这种声音，让鱼群更加惊慌。

这时，鱼群会聚集成很紧密的一团，然后有一只海豚冲入鱼群，张开嘴满满吃了一口后又迅速退回包围圈外，紧接着另一只海豚采取同样的动作上前进食，直到将鱼群全部吃完。

海豚在海洋里也很强大，但是，如果海豚不协作，而是一只海豚追逐一条鱼，可能既辛苦又吃不饱。聪明的海豚依靠相互配合、团队作战，结果不费多少力气，每一只海豚都能饱餐一顿，这样每只海豚都成为了胜利者。

逞个人英雄使自己迈向成功的道路更加艰难，为了自己利益而舍弃团队的利益，这样的行为是绝对不可取的。

part 2

团队好不好，首先要看一把手

　　如果领导者缺乏正直的品格，那么，无论他是多么有知识、有才华、有成就，也会造成重大损失。因为他破坏了企业中最宝贵的资源——人，破坏组织的精神，破坏工作成就。

——管理大师德鲁克

火车跑得快，全靠车头带

2011年11月2日，柳传志宣布卸任联想集团董事局主席后，做客新浪科技微访谈，主持人问他："在您看来，一个团队最重要的是什么？制约团队发展的又是什么？"

柳传志回答道："要是一个领导班子的话，最重要的还是一把手，一把手的志向、能力、以身作则，决定这个班子能不能团结得好，能不能人尽其才。这个班子的领导作用，除了群策群力能够提高班子的威信，还能够制约一把手，使他不能为所欲为。我自己本身也是需要制约的。联想班子的成员可以证明他们确实在制约着我。"

在中国现代企业界，柳传志可谓是中国现代企业制度建设的拓荒者、思想家。在长达30年的时间里，他让联想从一家国有小型作坊变成一家具有清晰产权体系、卓越品牌价值的伟大公司；他用自己的理念带出一支优秀的经营管理团队，培养了一批年轻的企业家；他还用自己的投资思想推动了更多国企的转型和发展。

创业初始，柳传志作为联想团队的一把手，为了筹集资金，让新成立的这个公司活下去，他带领团队成员卖电子表、旱冰鞋，组织全体职工，包括科技人员和总经理在内，全部投入低档次的技术劳务——为社会上其他公司验收、维修计算机，培训人员，开展技术劳务，实际上就是出卖技术劳动力。这样苦干了一年，他们用自己的汗水积累了70万元人民币。

为了让公司活得更好，柳传志通过仔细的市场调查，发现国内有大量进口微机（计算机），但大批闲置或只当作打字机使用，只因为当时的微机还只能在英文环境中运行。于是联想请来外援倪光南，于1985年率先推出了业界领先的联想式汉字系统（联想汉卡），这一产品得到用户青睐，柳传志实现了"把技术变成钱"的梦想，开创了中国计算机发展史上的传奇。

并购IBM时，大多数人都认为这是一场"蛇吞象"的计划，尽管都赞赏柳传志的勇气，但没有几个人相信这场并购能成功，但它最终成功了。然而，由于中西方企业文化的磨合不当，再加上金融危机的冲击，联想陷入了财政危机。2009年5月，联想集团发布2008—2009财年最后一个季度的业绩，该季度联想净亏损高达2.64亿美元。于是，2009年9月，65岁的柳传志重新挂帅，出任联想集团董事长，大大提振了联想集团迎战危机的信心。2011年11月，联想集团拿出了一份骄人的成绩单：市场份额从2009年的约7%增加到13.5%，名次也从第四上升到第二，并连续8个季度保持了行业内最快的增长速度。人们不禁惊叹柳传志的"王者归来"，使联想得以实现这一惊天变局。

在2013年9月由中国企业家俱乐部发起的"中国企业家全球游学计划"中，担任游学辅导员的柳传志以"如何当好一把手"为题，向参加此次游学的企业家们分享了自己的管理经验。在他看来，作为企业的一把手，应该把自己的主要精力放在以下5个方面：

第一，首先要关注企业的赢利模式问题，也就是一个企业如何赚钱。

第二，在赢利模式的基础上，要关注公司业务是由多少块"板"组成的，也就是要关注公司的组织架构。

第三，要研究公司短板，即研究哪个方面会妨碍公司的发展，如人力资源、营销等，在找出公司的短板后，就要花大力气去加强或改善这些短板领域。

第四，要研究企业的优势是什么。联想集团的长处就在于供应链管理，联想通过精确掌握库存，从而能够预判市场走向，及时应对。

第五，在找出公司的短板和长处后，不要投入主要精力在短板的改善上，而要把主要精力放在公司战略上，补足短板的任务应该通过合适的下属去具体完成。

其实，这5点都是为了说明一个观点："对于企业一把手而言，实际上就是要把主要精力放在战略以及实现方式上，一把手要明白企业要办的事是什么样的事，企业有什么样的人可以用。"

著名企业家李嘉诚在总结自己多年的管理经验时说："如果你想做团队的老板，比较简单，你的权力主要来自地位，这可来自上天的缘分或依靠你的努力和专业知识；如果你想做团队的领袖，则较为复杂，你的力量源自人格的魅力和号召力。"

要做好企业的一把手，需要具备以下几个基本素质：

第一，科学决策。作为一个主要上层，首要的素质是决策能力。首先要保证决策不失误，尤其是带有全局性和战略性的重大决策不出现失误。要想科学决策，一把手必须要增强学习，不断提高自身的综合素质和综合能力；做好调研，找准问题的关键，权衡利弊得失，而后慎重决策；践行民主决策，要多听不一样的意见，不要怕有不一样的意见，更不要怕争辩，事情往往是越争越明。

第二，知人善任。上层艺术其实就是用人的艺术，而用人的关键是要用好人才。真正做到用好人才，要做到两点：一是知人善任，用其所长，避其所短，优势互补，形成合力，充分施展班子群体的力量；二是放手放权，既给部下压担子，又让部下有职有权，充分调动部下的工作积极性。当然，在放手放权的同时，还需要加强宏观上的监督，避免下属的越权行径。

第三，公允廉明。公生明，廉生威。作为企业的一把手，务必做到率先垂范，公允廉明，真正建立自己的权威，才能在企业里政令畅通。

第四，容人容事。宽容大度是一把手必备的素质，是一把手团结班子成员的关键纽带和黏合剂。企业的一把手必须要听得进逆耳忠言，容得了非难曲解，咽得下酸甜苦辣；要有容人之短的海量和取人之长的胸怀，要能容人容事。

第五，爱惜人才。对人才，一把手要在工作上支持他们，即当他们在工作中遇到困难时，不是简单蛮横地斥责他们无能，而是帮忙他们理思路，出点子，帮助他们解决问题；当他们在工作中取得好成绩时，要及时给予褒扬、肯定，给他们提供更大的施展才能的舞台。一把手还要在生活上对人才给予关爱，即当他们生活中出现问题的时候，要主动伸出援助之手，帮他们渡过难关。

第六，理清轻重缓急。一把手在处理企业事务时，不能眉毛胡子一把抓，而要学会"弹好钢琴"，即依据工作的重要程度、难易程度，理清轻重缓急。先易后难，科学合理地安排好办公的先后顺序，分期分批地按时完成办公进度和办公任务，真正做到统筹兼顾，有条不紊。

⚓ 十战七胜，就是一个好的CEO

　　2001年，柳传志正式将联想大旗转交给杨元庆，杨元庆一上任，就制定了未来3年的发展目标：联想集团要实现营业额50%的递增，到2003年达到600亿元；3年后投入20亿元搞研发；10年后，20%～30%的收入将来自国际市场。然而，从2001年开始，联想集团的业绩就开始下滑，当年联想集团PC机业务的销售任务没有完成，而此前联想集团的销售业绩一直是以每年100%的速度增长。伴随着PC机市场的失利，互联网业务FM365由于长时间业绩不佳而被关闭。2003年，联想PC机国内市场占有率从30%下滑到28%，2004年第一季度更下跌到24%。2004年，联想集团开始进行内部调整，大量裁减人员。联想内部怨声载道，联想外部则对杨元庆执掌联想的能力产生了质疑。

　　在杨元庆承受巨大压力的同时，柳传志却给了他最大的支持。2005年1月柳传志接受《中国企业家》采访时，就表达了自己对杨元庆的支持："美国公司不容CEO犯错，联想不是。其实总体上杨元庆犯的都是小错，他做完每件事，做得不好，我都会回头想想，如果是我，我会不会犯这个错。我想有的我会犯，有的不一定会犯。我在前10年和杨元庆这几年所遭受压力的方式不一样。我遇见要死要活的问题太多，他受到外界包括投资人一些说法的压力太大，但是还不存在要死要活的问题。我们作为大股东，就要保证不要让他受到这种伤害，后来我对他说：'你甭理，你好好干，你想定了就按你的路去做。'当然对这条路本身，我们要认真考虑。"

　　"什么情况下会把CEO拿下，我想CEO如果不把企业的利益放在第一位，有私人的行为，比如说贪污、形成宗派、任用自己的人，表面上尽管企业赢利了，但这时候我会很警惕。另外就是当形势发生变化时，他本人却不能通过学习改进自己的工作方法，说的老做不到，即使业绩表现还不错，也会引起我的警惕。所以会用人的人，考察属下时固然不能离开业绩来说明问题，但是决不是仅仅看业绩。做领导的完全跟着业绩的风向转，那谁都会当领导，还用得到我吗？谁不会根据业绩好坏来换人？！在美国公司，主要就是没有真正负责的人，大家都是小股东，容不得CEO犯错误。"

总之，在柳传志看来，杨元庆所犯的这些错误都是联想集团可以接受的错误，这正好印证了杨元庆的成长，所以他一再地鼓励杨元庆："作为股东的代表，联想集团的董事长，你去打仗，十仗中有七仗能打胜，就是优秀的指挥官，认真地反省是一回事，但不能因为有一仗打败就在各个方面的压力下徘徊不前。""你如果过于保守，你永远不敢犯错误，企业反而会死掉。"也正是有了柳传志的支持和鼓励，杨元庆才能大胆实施自己的战略，引领联想获得一个又一个的成功。

在经营企业的过程中，犯错误总是难免的。一个人对于错误的认识，对于错误的态度，承受错误的能力，决定了一个人的思想境界与人生成就。作为企业的一把手，我们不能保证自己不犯错误，但是，我们一定不能犯同样一个错误，一定要以积极乐观的态度来面对错误，学会为错误埋单，学会超越错误。

一把手要做串起珍珠的那条线

新东方创始人俞敏洪认为自己创业的成功，得益于自己做了一条把珍珠串起来的线，就是把那帮比他有出息的海外朋友请了回来。他说："新东方每个人都是一颗珍珠，但是在串成项链以后，价值会倍增。现在我愿意变成这么一根线，实际上我也正在做这个工作。线必须坚固耐磨，不管被什么磨砺都不能断，也就是说我的忍耐力和承受力、宽容度必须是极大的，只要这根线不断，新东方珍珠项链还会更长。所以我觉得我只要做好这根线就行了。"

俞敏洪串起的第一颗"珍珠"是徐小平。1995年年底，积累了一小笔财富的俞敏洪飞到美国，这里曾是他魂牵梦绕的地方，当年就是为了攒留学的费用，他丢掉了在北大的教师职位。在加拿大，曾经同为北大教师的徐小平听了俞敏洪的创业经历后怦然心动，毅然决定回国和俞敏洪一起创业。

俞敏洪串起的第二颗"珍珠"是王强。在美国，看到那么多中国留学生碰到俞敏洪都会叫一声"俞老师"，已在美国贝尔实验室工作的同学王强也深受刺激。1996年，王强终于下定决心回国。

这两颗"珍珠"，在新东方的快速发展中闪耀出耀眼的光芒，与俞敏洪组成了一个坚固的铁三角，被外界称为新东方的"三驾马车"。

俞敏洪串起的"珍珠"还有被朋友们怀疑不食人间烟火的哲学家包凡一，他在现实压迫下，读完传播学硕士之后，再熬出一个MBA，居然成了美国通用汽车公司的会计师，但在俞敏洪的邀请下，也毅然加入了新东方的创业团队。

随着新东方的进一步发展，俞敏洪这根"线"串起了更多的"珍珠"：钱永强，美国耶鲁大学商学院MBA，新东方著名教学专家，作为投资人，他投资了交友网站世纪佳缘；周成刚，澳大利亚麦考瑞大学传播学硕士，之前担任过BBC亚太部记者和节目主持人；杜子华，中国英语考试培训界的领军人物；胡敏当时已经是国际关系学院英语系硕士生导师……他们中的每一个人，单独拉出来都是一块响当当的名牌。

关于珍珠和线的比喻，最早是柳传志在2001年"联想清华校园世纪寻才活动"上提出来的，他深情地说："对于人才，我有一个看法，对于一般的企业来说，更需要的是管理人才。为什么这样讲？因为好的科技人才和专业人才，就像珍珠，没有线，这些珍珠成不了项链，好的科技人才我可以通过高薪把他挖过来，但挖过来之后，没有好的管理人才，他们还是起不到该起的作用。起决定作用的还是线，因此管理人才是极其重要的……有的人不是珍珠，不能像珍珠一样闪闪发光，但他是一条线，能把那些珍珠串起来，做出一条光彩夺目的项链来。"

在柳传志的倡导下，联想提出了自己的人才管理理论：项链理论。也就是说，人才竞争不在于把最大最好的珠子买回来，而是要先理好自己的一条线，形成完善的管理机制，这样才能把一颗颗珍珠串起来，串成一条精美的项链。如果没有这条线，珠子再大再多还是一盘散沙。没有好的管理形成强有力的企业凝聚力，仅仅依赖高薪也难留住人才。

柳传志眼中的"珍珠"必须具备几个条件：有强烈的责任心，有吃苦耐劳的创业精神，善于学习和总结。总之，就是具有上进心、事业心和责任心的学习型员工。为了串起这样的"珍珠"，联想在选人上可谓煞费苦心。

第一，严格的面试手段。联想从国外引进了一套针对个人的心理测评工具，这套工具能对人的十几个倾向做出判断，通常做完这样一套测试要花上两个半小时的时间。联想会根据业务部门的特点，从岗位特点出发对员工测试结果进行分析，比如对于一个研发人员岗位，在选择人员时就可以忽略财务方面的问题。

第二，试用期的考验。新员工在报到的当天，就要接受为时两个小时的"入厂教育"，内容包括公司规章制度，甚至具体到怎样打电话等。在试用期即将结束前，新员工还要接受为期一周的封闭培训，了解公司的文化、理念、产品、历史、发展方向等。如果是进入业务部门工作，还要再进行培训。联想还实行新员工指导人制度，即每位新员工都将被安排一位指导老师，这位指导老师可能是资格老的同事或是部门经理。在三个月的试用期结束时，指导人不仅要对自己指导的新人做出评价，而且新人也要对指导人的指导做出评价。

第三，员工分类管理。联想把员工分成4类，一类是既认可联想价值观又出业绩的员工，这当然是最好的，联想会给他足够的舞台；第二类是能力非常强，能不断出业绩，但未必认可企业文化的员工，对这类人联想在人才管理和开发方面会考虑不同的策略；第三类是很认可联想价值观但做不出业绩的员工，这类人是联想要着力加强培养培训的群体；第四类是既不认同联想价值观又不出业绩的员工，这类人当然会被辞退。

在柳传志看来，过去的人才管理把人视作蜡烛，不停地燃烧直至告别社会舞台。而现在的管理把人才当作资源，人好比蓄电池——可以不断地充电、放电；现在的管理则强调人和岗位适配，强调人才的二次开发。也就是说，现代企业对人才的管理不仅是要让他为企业创造财富，也要让他寻找到最适合的岗位，最大限度地发挥自身潜能，体现出他的个人价值，实现他的个人理想。

对于一串珍珠项链来说，珍珠固然璀璨夺目，但是如果没有那条线，终究只能是"大珠小珠落玉盘"。作为一个企业，整体形象永远是高于一切的，再璀璨的"珍珠"也只是独立的个体，只有一条完美的"项链"，才能代表一个企业真正的实力。

柳传志将做一个优秀一把手的关键归结为4点：

第一，一把手要明白自己企业里的事是什么事。

第二，一把手要明白什么样的人能做什么样的事，他应该出现在什么位置上，他具有什么样的特点。

第三，一把手要明白手里边的人是个什么状况，他们和你想要的状况肯定不一样，你必须得明白公司内的关键人员的特性。

第四，一把手要明白用什么样的方法来使用自己手里的人，或者去发现更好的人才。

把这几点做好了，一把手这条线也就能将整个企业串成一条漂亮的珍珠项链，一把手自然也就当好了。

一把手的价值观决定团队的价值观

在团队一把手的能力之中，除了商业能力，价值观是一种最持久的竞争能力。对此，万通地产董事长冯仑有一个说法，对于一个团队一把手来说，学历是铜牌，能力是银牌，性格是金牌，而价值观则是王牌。

很多人都觉得，一个有学历的人一定是个有能力的人，但也有很多人对此持相反的看法，觉得学历和能力根本无关。其实学历高的人，说明他在某一个方面是优秀的，比如一个成绩好爱学习的人，说明他的自制力比别人强一些，对于命题式的东西的理解也比别人强一些。如果他从事的是需要这两者的工作，那么肯定有优势。但是如果跟这些无关的，就未必了。所以对于经营企业，学历重要，但不是最重要的。因为经营企业需要自制力强，需要有一定的解决限定问题的能力，却不止于此。

相对于学历，能力显得更重要些。一个有能力的人，一定是可以带领公司赚更多的钱的人。他可以建立完善的激励制度，可以在危机时刻赢得大额订单，帮助企业走出困境。不过企业不仅仅是做订单和制定制度，还需要有长远的发展规划。这些不是能力所能涵盖的，还需要企业家有一个好的性格。

所谓好的性格，不是指脾气好，而是有好的品质。比如坚强，比如坚韧，比如豁达等等。这些是决定一个人的胸怀和格局的东西。一个企业家，如果胸怀够大，格局够高，自然就能看到很多别人看不到的东西。这样，就能给企业开辟另一片天地，自然让企业走得更远。

但是光靠企业家的胸怀和格局，虽然能让企业走得更远，但想要创建一个伟大的企业就有些力不从心了。想要创造一个伟大的企业，靠的是企业家的价值观。

　　一个企业家不仅是利用资源的，更是整合资源的。同时他还要有强大的心理承受能力，君子不一定能成为大企业家，但大企业家一定要是君子。还有，企业家要有足够的气度，还要有很强的目标感。总之一句话，企业家不是做自己的，也不是成就自己的，而是为大家实现理想的。帮别人实现理想，靠学历、能力、性格都是很难做到的。一定要有一个正确的，超前的价值观。这才是一个企业家真正的能力和竞争力。

　　一个企业，是由很多人组成的，每个人都有自己的位置，也都很重要，但起决定性作用的绝对是其中的领头羊，也就是企业家。而一个企业家能做到哪一步，靠的则是他自身的价值观。所以，一个企业的价值大小，往往决定于企业家的价值观。这是冯仑的观点，也是他研究了无数企业家的经历得出的结论，更是他自己奋斗的目标，是经历过考验的。

　　伟大的企业不仅在于创造了前所未有的经营方式，开发出了别人没有开发出的产品，还在于为人类的发展提供了帮助。按照这一标准，乔布斯的苹果，绝对是可以称之为伟大的。他不仅为用户创造了精美的产品，更是改变了很多人的生活习惯。可以说，乔布斯是一个引领变革的人物，苹果是一家实现了变革的企业。而这一切，自然源自于乔布斯本身的价值观。如果要将这价值观浓缩成一句话的话，那就是那句著名的"活着就要改变世界"。

　　乔布斯是一个传奇式的人物，也是一个值得尊重的人物。他从小就很调皮，有强烈的好奇心，哪怕是新买来的玩具，也会将之拆掉，看看里面的构造。这份好奇，源自于他对未知事物的探索。

　　长大之后，乔布斯也是一个不甘平庸的人，他是有理想有抱负。按照一般人的想法，人的一生应该是稳定的，线性发展的。从小努力学习，考上大学，然后根据自己的专业找一份满意的工作，之后结婚生子，就这样一步步过完自己的一生。可是乔布斯不满足于此，他也上了大学，但并没有毕业，而是主动退学了。

　　当时，乔布斯接触到了电脑，他觉得这是一个新鲜的，也是绝对重要，可以引领人类走到一个新的高度的东西。这不正是自己想要的，能改变人类的东西吗？于是他毅然从学校退学，开始了自己的创业生涯。

　　乔布斯跟其他的企业家是不一样的。他创业不是想要从电脑市场上分一部分的份额，而是立志做出一个很炫、很酷、很伟大的东西来，改变人们的现有生活。所以，苹果电脑一出现，就是一个另类，他不管在操作系统上，还是风格设计等方面，都跟其他的电脑有着巨大的差异。当别的电脑商将电脑质量看成是第一位的时候，乔布斯想的是如何创新。

苹果电脑确实是成功的，不过还没有达到乔布斯的要求，它并没能改变世界。后来，乔布斯将目光放在了手机上，他开始研究智能手机了。这一个选择，让乔布斯的事业达到了巅峰，也达成了他的夙愿，即改变世界。

苹果有辉煌的成就，跟苹果公司的员工的努力是分不开的，不过如果没有乔布斯这个伟大的领头羊，一样无法达到今天的辉煌。而乔布斯能够做到这些，靠的就是心中的理想，靠的就是他本人的价值观，即活着就要改变世界。

一个管理者，能取得多大的成就，能够带领自己的公司走到哪个高度，不是由市场决定的，也不是由手里所掌握的的资源决定的。而是由这个人的价值观决定的。一个有理想、有着正确的前瞻性价值观的企业家，一定可以让自己的企业做到前人所做不到，做出别人所想不到。

对于企业家来说，能力重要，格局重要，但价值观更重要。这是决定他方向的，也是决定他事业大小的重要因素。

团队一把手的7项基本素质

马化腾在腾讯2012年初的战略管理大会上的讲话，说出了他对团队管理者的一些要求。他认为专业素养是基础要求，在这个以外，应该更加强调另外的一些特质。

第一，是不是有激情？在未来面临变革的情况下，这上升为很重要的一点。大家提到员工需要有组织来激活，那么，管理干部就要具备这种激活能力，就要充满激情。

第二，有没有大局观？在我们名下、任内的业绩是不是最重要，很多人往往是这样的心态。

第三，对你负责的产品和服务是不是有抓到底的决心？要一抓到底，了解非常通透，给大家这种感觉；还有要担当，不能有重大事情发生了躲在后面不见人影，就泛泛地漂在上面。

在腾讯的历史上，从来没有过"网络营销服务与企业品牌执行副总裁"的职位，刘胜义是第一个。在加入腾讯之前，刘胜义已经在广告业打拼了17年，曾供职于多家世界级的广告公司，作为一名在传统营销领域工作多年的马来西亚籍职业经理人，刘胜义当初为何会选择腾讯？

刘胜义告诉《互联网周刊》："腾讯是一家受尊重的公司，其务实和创新精神，是我所敬佩的。而我希望自己对于广告营销的了解和所拥有的品牌建设经验，能够帮助腾讯实现又一个辉煌。"

互联网营销毕竟还是一个没有既定规则可以遵循的新领域，每个企业、每个人都在摸索一套适合自己发展的道路，刘胜义也面临着很多挑战，每天都在发现问题、解决问题。

对于刘胜义而言，最大的压力是时间，还有人才。掌管着一个800多人的庞大团队，刘胜义很清楚在营销领域什么样的营销人才是最优秀的——虚心学习的精神，一颗火热、充满激情的心和永不止息的魄力。而这三点，在刘胜义身上都得到了最好的印证。

刘胜义帮助腾讯建立了一套能够博取广告界认可的"方法论"——"腾讯智慧"。2006年腾讯公司以每月递增100%的广告增长率，彰显着品牌的力量。从营销方面的成绩来看，他帮助腾讯的在线广告业务取得了长足的发展与进步。

尽管新业务开展起来很难，但是仍然有不少人做到了，他们的秘诀究竟在哪里呢？最优秀的企业团队领导人具备了什么样的素质和能力？具体来说，团队领导的应具备七大素质：

（1）具备专业知识和业务能力，做事情专注用心。管理人员自身的专业知识、工作经验很重要，这些因素都可以通过专注和用心的态度转化为能量，从而带领员工做好工作，创造更多的价值。

（2）承担起自己的职责，能够随时保持头脑清醒。管理人员需要承担比员工更多的责任，其思考、眼光、决策等都直接影响自己的团队，清醒的头脑、清晰的思路、充分的准备是做好工作的重要因素。

（3）善于沟通，不去刻意责备员工。好的员工是培养出来的，不是指责出来的。发现问题可以通过温和的态度，就事论事地与员工谈心，做到以理服人，以德感人，让员工从内心认识到错误，并在以后的工作中改正。

（4）对所有员工一视同仁，知道如何引导员工遵循自己的意愿行事。将工作和私人关系分开，营造良好的工作气氛，并且了解员工的特质，引导员工在做好本职工作的同时，实现他们的自我价值。

（5）能够以身作则，要求员工做到的事，自己也要做到。作为称职的管理人员，制定的工作准则和要求，要以身作则，用自己的行动力牵引员工的行为，增强员工的内心认同感。

（6）能够加强部门之间的团结合作。作为一个优秀的管理人员，要善于协调各个部门，能够增强整个团队的凝聚力和向心力，打造具有无限正能量的团队。

（7）善于用人，并不断培养、培训出优秀员工。企业发展的关键靠人才，一定程度上人才不是天生的，而是培养出来的，发现积极向上、态度认真，又有一定能力的员工，可以逐步从基层培养，让其成长为企业所需要的人才。

part 3

价值观不同的人，能力再强也不留

价值观很差，团队合作很坏，不讲诚信等，我们称之为"野狗"，当即开掉。

——马云

不懂工作意义的人，视工作为劳役

古希腊哲学家苏格拉底说过："不懂得工作意义的人常视工作为劳役，则其心身亦必多苦痛。"

同样的工作内容和方式，融入了使命感和价值观，会给团队成员带来心态上和精神上的巨大改变，原本单调的工作也会升华为精致的服务。

2002年上半年，马云到纽约参加世界经济论坛，听世界500强CEO谈得最多的是使命和价值观。他回国后，感慨道："中国企业很少谈使命和价值观，如果你谈他们认为你太虚了，不跟你谈。今天我们企业缺乏这些，所以我们企业会老不会大。"

马云回忆在美国的情形："那天早上克林顿夫妇请我们吃早餐，克林顿讲到一点，说美国在很多方面是领导者，有时领导者不知道该往哪儿走，没有什么引导他们，他们没有榜样可以效仿。这个时候，是什么让你让做出决定，克林顿说：是使命感。"

阿里巴巴的使命是："让天下没有难做的生意。"所以员工做任何事情都必须围绕这个目标，任何违背这个使命的事情都不做。有人奇怪地问马云凭什么做出这样一个决定，马云回答说是凭使命感和价值观。

马云为了让团队成员和淘宝会员理解目标、使命、价值观的内在联系，他举例分析为什么梁山好汉会走向失败，他说："宋朝的梁山好汉一百零八将，如果他们没有价值观，在梁山上打起来还真麻烦。他们有一个共同的价值观就是江湖义气，无论发生什么事都是患难兄弟。这样的价值观让他们团结在一起。一百零八将的使命就是替天行道，但是，他们没有一个共同的目标，导致后来宋江认为应该投降，李逵认为我们打打杀杀挺好的，还有些人认为，衙门不抓我们就很好了，结果到后来整个队伍崩溃。所以，一定要重视目标、使命和价值观。"

马云还举例说，爱迪生企业的使命是什么？Light to world（让全世界亮起来），从企业CEO到门卫，大家都知道要将自己的灯泡做亮、做好，结果现在"打遍天下无敌手"。我们再看另外一家公司——迪斯尼。迪斯尼公司的使命是Make the world happy（让世界快乐起来），所以迪斯尼所有东西都是令人开开心心的，拍的戏也都是喜剧，招的人也全是快乐的人。

还有另外一家公司TOYOTA（丰田汽车公司），它的服务让全世界都懂得尊重。据说，在芝加哥的一个大雨天，路上一辆TOYOTA车子的雨刮器突然坏了，司机傻在那里，不知该怎么办。突然从雨中走来一位老人，趴到车上去修雨刮器。司机问他是谁，他说他是丰田公司的退休工人，看见他们公司的车坏在这边，他觉得有义务把它修好。这就是强大的使命感和企业文化，它使得每个员工将公司的事当作自己的事。只有在这样的使命感的驱使下，才会诞生今天的迪斯尼、今天的丰田。

如果根植在一个企业的核心价值观，随着时间推移而变成不可动摇的天条或信念，它就成为一种核心竞争力，成为一种最不可模仿、最不可替代的能力。可见，不同价值观决定着企业和个人如何算账，如何看未来，从而决定了企业未来的发展程度。

惠普公司创始人休利特和帕卡德在1957年惠普公司上市之际，确立了公司的核心价值观，其主要内容是"客户第一，重视个人，争取利润"。公司围绕这种宗旨和价值观，制定出许多具体规划和实施办法，最终形成了被业界誉为"惠普之道"的惠普文化。

团队领导最成功的地方在于他能在团队使命和价值观上充分发挥领导力，而不是简单地带领员工去实现目标和利润。马云说，不要让同事为自己干活，而要让同事为企业的目标和理想干活。共同努力，团结在一个共同的目标下面，要比团结在一个企业家底下容易得多。

绝不允许破坏团队的"野狗"存在

马云把团队成员分成三种类型：第一类是在阿里巴巴公司的平时考核中，业绩很好，但价值观很差的。他们每年销售额特别高，但根本不讲究团队精神，不讲究质量服务，这一类人属于"野狗"，留在团队中会造成极大的伤害，必须开除。

第二类是那些价值观很好，为人热情、善良、友好，但业绩永远好不起来的，我们称之为小白兔。这一类也要离开，毕竟公司不是救济中心。不过"小白兔"在离开公司三个月后，还有机会再进阿里巴巴，只要他能把业绩搞上去，而"野狗"就没有这个机会了。

第三类是阿里巴巴最需要的人才，即业绩好、价值观同样好的猎犬型人才。在阿里巴巴，"猎犬"是最受欢迎的，不仅会得到公司重用，在被"确诊"为货真价实的猎犬后，进入管理层的"法眼"后，还有机会接受最好的培训，成为公司的好苗子。

马云严厉对待团队中的"野狗"，同时也为此制定了严格的员工守则，他说："善待犯错误的人，是对的，但是绝不允许那些'野狗'破坏团队，损害公司利益，对这些人绝对不容忍。所以在具体规章制度方面，阿里巴巴有许多硬性规定：不能作假、不能作弊、不能欺骗客户、不能夸大服务，不能给客户回扣，不能为客户垫款。"

为什么要杀掉"野狗"？"野狗"的业绩非常好，但不讲团队精神，不讲质量服务，这些人短期来看很有用，但是长期来看，会对团队造成严重伤害。

公司中业绩好、价值观也好的人被马云称为猎犬型人才。那么，具体什么样的人才是"猎犬"呢？对于马云来说，猎犬型人才需要具备如下几个条件：

（1）诚信和热情是员工最基本也是首要的素质。这种品质之所以重要，是因为它对一个人来说有就是有，没有就是没有，而没有是很难培养的。

（2）员工要乐观上进，健康积极，有朝气，对互联网行业充满兴趣与激情，渴望成功。

（3）员工要有适应变化的能力，具备较好的专业素养和职业修养，善于沟通协作。

（4）员工要富有学习的能力和好学的精神。

马云对于阿里巴巴的"猎犬"，设置了很严格的招聘程序。马云认为，对于进入公司的人才，阿里巴巴要对他们负责，如果简单地招进来，不满意就解聘，那给这些人带来的不仅是经济成本损失，还有机会成本损失。

阿里巴巴把招聘猎犬的流程分为四步：第一步是海选简历，这是为应聘的人才设立的一个门槛——填写简历后必须进行一个快速测试，只有通过者才能有效提交简历；第二步是校园宣讲，但因为这些投简历者没有经过快速测试，因此录取比例比较低；第三步是笔试；第四步，由业务主管、人力资源部门和事业部总经理对通过海选和笔试的人员进行面试。

只有通过这四道程序的人，才能最终加入阿里巴巴团队。

2000年，金庸给马云题了一幅字："善用人才为大领袖要旨，此刘邦刘备之所以创大业也。愿马云兄常勉之。"马云将它挂在办公室，作为对自己的一种提醒。

马云重视用人，并坚持务实原则，讲究实用主义。对于能力强又缺乏配合精神的人，无论其业绩多好，都要坚决清除；业绩差的自然会被逐渐淘汰，只有可塑造、肯上进的普通人，才是阿里巴巴需要的人才。

在用人上，马云有自己的判断、自己的标准，但前提都是对企业负责、为公司未来发展考虑，如果你不是他需要的人才，他就一定不会选择你，而一旦选择了你，就会不遗余力地培养你。对于雇用的人才，阿里巴巴采取的是"请进来、送出去"原则。"送出去"就是与一些MBA学校和培训班建立合作关系，把员工送出去学习。2004年9月10日，阿里巴巴成立了自己的"阿里学院"，这样做的目的就是要让每一个人才在阿里巴巴实现增值！当然，阿里巴巴同时也得到增值！

用共同愿景培育团队价值观

也许提到"共同愿景"这4个字，大家感觉很陌生，以为是最新的管理方法，其实不然，这种管理方法早在我国的三国时期就有使用。

有一年夏天，曹操率领部队攻打张绣，天气出奇得热，天上一丝云彩也没有，火辣辣的太阳炙烤着行军将士。此时，部队正行走在弯弯曲曲的山道上，两边密密的树林和被阳光晒得滚烫的山石，蒸得人几乎透不过气来。到了中午时分，士兵的衣服都湿透，行军的速度也越来越慢了，有几个体弱的士兵甚至晕倒在了路边。

曹操发现行军速度越来越慢，心里担忧贻误战机，非常着急。可是，眼下几万人马连水都喝不上，又怎么能加快速度呢？他立刻叫来向导，悄悄问他："这附近有没有水源？"向导摇摇头说："泉水在山谷的那一边，要绕道过去还需要很远的路程。"曹操想了一下说："不行，时间来不及了。"他看了看前边的树林，沉思了一会儿，便对向导说："你什么也别说，我来想个办法。"他知道此时即便下命令要求部队加快速度也没有什么效果。他脑筋一转，便夹住马肚子，快速赶到队伍前面，用马鞭指着前方说："将士们，我知道前面有一大片梅林，那里的梅子又大又好吃，我们快点赶路，绕过这个山丘就到梅林了！"

众将士一听，仿佛已经看到了一大片梅林，梅树上长着红红大大的梅子，他们好像都尝到了梅子的酸甜，嘴里都流口水了，这时，他们精神大振，步伐不由得加快了许多。

后来，将士们虽然发现并没有什么梅林，但是，他们在这一念头的鼓舞下，终于来到了有水的地方，将士们都十分高兴地喝了个痛快。

这就是望梅止渴的故事，曹操巧妙地设了一计，使战士们都有了信心，内心充满了希望，因而能发挥超常的忍耐力，最终摆脱了困境。曹操这一招就是给大家一个共同愿景，达到了鼓舞大家士气的作用。作为一个团队，如果没有一个共同美好的愿望支持着，成员就失去了前进的动力，就可能完不成任务。所以，团队成员心中都有一个美好的愿望非常重要。

我们这里谈到的共同的美好愿望便是愿景。愿景是人们永远为之奋斗希望达到的图景，它是一种意愿的表达，愿景概括了未来目标、使命和核心价值，是哲学中最核心的内容，是最终希望实现的图景。作为一个企业的愿景就是企业的梦想。

当亨利·福特在100年前提他的愿景是"使每一个家庭都拥有一辆汽车"时，人们都认为他是神经病，但从现在美国社会情况来看，他的梦想已经基本实现，那我们又怎样理解100年前被认为是疯子的福特说过的话呢？

五四运动时期，共产党人李大钊在《布尔什维主义的胜利》一文提出了"试看将来的环球，必是赤旗的世界！"这一无产阶级劳苦大众和有识之士的共同愿景，但在那个时候，有的人甚至不知道无产阶级是什么，但是，正是因为有了这个愿景，有识之士才带领着千千万万的劳苦大众，进行艰苦卓绝的战斗，推翻了压在身上的三座大山，终于实现了广大人民翻身做主人，实现了国家和中华民族的解放。

无论是福特的愿景还是李大钊的愿景，在他们那个时代，都被认为是不可思议的想法，但是反观今天美国社会情况，看中国的发展，他们的愿景都已经实现了。可见，愿景是一种梦想，并且这种梦想通常会令人感到不可思议，但又会不自觉地被它的力量所感染。因此，如果愿景是一种能立即被人把握并实现，那么它就不是愿景，而只能说是一个战略目标。

愿景的力量就在于它处于可实现而又不可实现的模糊状态，它既是宏伟的又是能够激动人心的。它能使人热血沸腾，甚至热泪盈眶，能使人充满热情，心中涌起一股冲动，如果这种愿景能够顺利地灌输到员工的身上，那么，所有员工为了共同的愿景努力的激情，将是多么大的力量啊。愿景的哲学智慧就在于它会激发人群无限的潜能去实现其人生哲学与企业哲学的终极发挥。很多成功的企业都有自己的愿景。

苹果公司——让每个人拥有一台计算机；

腾讯——成为最受尊敬的互联网企业；

阿里巴巴——让天下没有难做的生意；

索尼公司——成为最知名的企业，改变日本产品在世界上的劣质形象；

华为公司——丰富人们的沟通和生活；

迪斯尼公司——成为全球超级娱乐公司；

戴尔计算机公司——在市场份额、股东回报和客户满意度3个方面成为世界领先的基于开放标准的计算机公司；

通用公司——通用电气永远做世界第一；

沃尔玛公司——给普通百姓提供机会，使他们能买到与富人一样的东西。

正是这些企业创造出让广大员工认同的共同愿景，才激发了员工们强大的动力。共同的愿景，不仅是对未来的美好描述，而且是组织团队为着一个共同目标努力奋斗的精神力量。使他们充分发挥自己的才能，为实现愿景而努力。当然愿景越具体，越能让员工感同身受，越能起到激励作用，越能唤起团队的积极性。

曾获得美国"年度创业家"的企业家奇普·康利（Chip Conley）曾指出，成功的创业家能够把复杂愿景化成简单的概念，让所有人相信势在必行。那么怎样做，才能使企业的愿景和员工产生共鸣呢？他曾提出如下3种方法：

1. 简单的图像或符号

有时候，一个简单的视觉图像、符号，就可以清楚地诠释愿景的内涵，并且作为愿景的象征。这个图像或符号的概念可能源于组织的历史事件，或是象征产品特色。

例如，日本一家有名宅急送公司的标志是一个大猫叼着一个小猫，它的意思是为客户运送货物，就要像大猫叼着小猫那样小心翼翼。

2. 讲故事的方法

一个令人印象深刻的故事，也能够非常有效地传达愿景的内涵，还可以营造并维系企业的文化。

比如，沃尔玛的创办人山姆·沃尔顿，他每周六上午都会通过卫星跟全球各地的沃尔玛超市管理层召开视频会议。他常常在会议上告诉与会者一些成功的故事，通过这些故事，不仅传达了沃尔玛的目标，也增强了员工们的向心力。

3. 让人振奋的标语

大数人都喜欢简洁扼要的沟通方式，所以管理者可以想办法找到一句话或一个词，包装自己的愿景，并时常向他人说这个标语，以便表达愿景的重要性。

　　例如，杰克·韦尔奇出任通用电气公司CEO时提出："在通用电气涉足的每一个产业里，都必须做到不是第一就是第二。"在接下来的20年时间里，通用电气公司上下始终贯彻执行韦尔奇这段话，结果使通用电气公司更为壮大，获得了更高的利润。

　　员工在追求远景的过程中会自然而然地产生强大的勇气和坚强的意志，为了实现目标则会不惜一切代价，勇往直前。愿景的作用是巨大的，它使每个员工都像战士那样周身充满战斗力。

🜂 千万别为钱工作，要为价值观工作

在很多人看来，工作的目的就是赚钱养家，谋求生存。那么，我们看看阿里巴巴的老总马云对工作有怎样的看法。

马云曾在一次记者采访中说道："好的团队不应为某个领袖而工作，而是为使命感、价值观而工作……""要赚全世界的钱是荒谬的，但要影响世界却是合情合理的。我很相信一个想法：'要赚钱的人必须把钱看轻'，我要赚的不是能计算的money，而是value。"

马云认为，为钱而忙的人才是疯子。"走向社会第一天，我已告诉自己我不要为钱工作，所以钱一直没有影响我，我也没有被钱影响过。别问我身价多少，我连自己工资多少也不晓得。"

的确，人不是为了赚钱而工作，而应该为使命工作，否则世界首富比尔·盖茨已经非常富有了，他还工作干什么？中国最富有的李嘉诚，为什么还要工作？创新工场创始人李开复已经非常富有了，他为什么还工作？还有许许多多身价上亿的富翁，他们为什么还不享受，还要工作？

有一位心理学家发现，金钱积累到一定程度，就不再诱惑人了，而能让人继续前进的动力就是更高层次的追求，自我实现便是人最高的层次需要，它能激发人的强大动力。其实，人生的真正意义，不仅仅在于维持生计，还在于满足我们的精神需求。只有追求自我实现，人们才能迸发出持久的热情和动力。人的大半生都在工作，如果只把工作当作是自己用来糊口的工具，不去把工作和自我实现相联系，那么我们生活会很痛苦。即便是你正在从事着一份非常感兴趣的工作，但是，如果你以养家糊口为目的，长时间下去，也会变得机械而木讷，开始厌烦这份工作了。以养家糊口为目的工作的人，实现了这一目标后，就不再有动力去

深入研究工作，去努力向上追求了，不愿意牺牲自己的时间去为公司加班，多做贡献，不愿意为团队的利益而牺牲自己的利益。长此以往，他会被社会淘汰。工作可以挣钱，其实工作也可以给人带来快乐和满足。用心去工作，在工作中实现自我，才能使自己对工作保持持久的兴趣，使自己有动力去向更高的层次追求。

有一位刚毕业的大学生，来到一家广告公司做业务员，他的主要工作是用电话联系指定客户，然后再去拜访那些有广告意向的客户。在办公室里打电话是件很轻松的事情，可每当要出去和客户见面的时候，他就有些不愿意了，因为那时外面的气温很高，而且有些公司地址很偏僻，交通非常不方便，不仅要倒几趟车，有的甚至还要步行一段时间。但是后来，他想既然选择了这份工作，就应该好好做。现在，这位大学生已经成为一家跨国公司的销售总监了。回忆起那段在广告公司做业务员的经历时，他说："拜访客户的经历使我学到了很多，让我终生受用。"

美国一位前教育部长曾说："工作是需要我们用生命去做的事！"对于工作，我们要抱着认真的态度去做，要知道工作的使命是什么。因此，作为一名员工，一定要了解公司的使命是什么？自己的使命是什么？这样，工作起来才有真正的动力。当我们为使命，而非为金钱工作的时候，不仅能够获得更多的金钱，还能获得更多的成就感，最终达到实现自我价值的目的。

工作有着更丰富的内涵，工作是实现自我价值的需要，一个有团队精神的员工，一定不是只为薪水而工作的人，他会为了团队的利益，甘愿牺牲自己的利益。他会把团队的使命当成自己的使命，并尽全部努力去完成使命，实现自我。也只有这样的员工，才能实现自我，才受团队的欢迎。

用价值观增进员工的认同感

团队认同感不是让员工去认同企业的业绩和规模这些标签，去认同已经约定俗成的规章制度和行事原则，而是来自心灵和精神上、来自文化和价值上的认同。成员对企业有良好的认同感，那么每个人不是看上级的脸色去做事，而是听从自己内心的声音和指引，就能实现较高的工作效率，大大降低企业的监督成本。建立认同感更深远的意义在于，它能够激发人们的动力和热情。而没有文化和精神认同感的企业，即使再能够赚钱，也注定是一台不会长久生存的赚钱机器，因为它是心灵的荒漠，而人是无法长期在荒漠中找到生命的营养的。

其实，简单来说每个人都想找个自己做着舒服的工作，隐含的意思就是这份工作的工作氛围，公司的理念和自己都非常接近或相同，自己比较认同这些观念。只有在自己所认同的团队中工作，自己才能过得愉快舒心，过得有意义。

杰克·韦尔奇曾经说过："个人与企业共享的价值观能增进个人与企业的效率。如果这两者互不相关，就可能产生许多冲突和愤世嫉俗的事情；如果个人与企业有相同的价值观，就能够和谐共事。许多优秀团队都有相同的价值观和信念。"

有时候，我们会被某家公司的优厚待遇诱惑，而进入这家公司，但是，如果自己不能认同这家公司，那么用不了多长时间，你就会对工作失去兴趣。在一个企业里工作，不管我们是否真的喜欢这个家业，既然我们选择了，就应该学着主动去接受它，认同这个团队。从某种意义上说，接受公司其实就是接受自己。这是一种非常积极的观念，也是一种非常基本的观念。只有认同团队，才能获得成功。当然，如果我们实在不能接受一个团队的价值观念，那么，我们就应该毅然离开，这对自身的发展，对团队的发展，都是非常有益的。

当然，不仅员工要学会认同团队，作为企业的领导也要学会增强团队的认同感的方法，留下优秀的员工！

1. 要多激励、少批评

避免是非不清、赏罚不明，避免纵容下属，制定行之有效的奖惩措施。让每个人在工作中知道自己应该去做什么，不该做什么，要树立榜样员工，让其他员工找到追求的目标；同时要及时激励员工，员工即便是只加了五六分钟的班，也应该表示关怀和鼓励，这会让员工心存感激，对公司的形象产生好感。

2. 要多培训员工

除了对团队成员进行各式各样的产品知识、礼仪知识、营销知识和成功案例的培训外，还要鼓励优秀员工参加外界培训。使团队中的成员都能感受到自己在不断进步，发现公司能够对自己有所帮助，那么，员工就会愿意留下来的。当然在逐渐的培训中，企业的一些价值观念或者是文化氛围就会在无形中影响到员工，员工会在培训中逐渐认同企业。

3. 重视带头作用

企业的各级领导要身体力行，起到模范带头作用。领导如果不斤斤计较，常常加班加点，那么，员工也会不自觉地积极努力地工作，而不会因为一点个人的利益损害集体的利益，长时间积累下来，就会形成对员工行为的道德约束。员工在努力过程中会逐渐对公司产生认同。另外，上级身体力行，也会得到员工的尊重，形成权威。

4. 关注反馈

多关注各级员工的意见和建议，以便快速地化解员工心中的不满情绪，解决成员间的不协调行为。鼓励员工多思考，多献言献策，让他们有当家做主的感觉，这会增强他们对企业的认同感，并且会帮助企业去除不好的价值观和发展理念。

5. 重视归属

每个人都害怕孤独和寂寞；希望自己归属予某一个或多个群体，如有家庭有工作单位，希望加入某个协会、某个团体，以期或获得温暖、帮助和爱。作为领导就应该体恤员工这种心情，多给员工以关怀，多满足员工的一些需求。在团队中多创造"又快乐又赚钱"的家的氛围，使大家有归属感，大家在快乐氛围中工作，必然提高效率。

6. 重视发展

要让真正优秀的员工充分发挥他们的才能，为他们提供施展才华的平台。这样才能使有才能的人对企业更加认同。

如果我们要自己创业的话，想要找到志同道合的合作伙伴，也要考虑彼此认同，彼此认同主要表现在：

（1）情感认同。情感认同即是团队成员之间彼此个性和由此而产生的感受的认同，包括思维模式和行为习惯上的认同，其中尤其重要的是要在共同成长过程中互相尊重。情感认同是事业团队的基础，事业团队成员的组建，一定是彼此有情感共鸣。彼此有友好情谊的，这样的团队才能拧成一股绳，遇到一些困难，就不会解散。陌生的路人之所以不可能成为我们风雨同舟的事业伙伴，就是这个原因。所以，先找对人、再去做事，这样才能成就事业。如果只根据做事去找人，那么，合作伙伴之间就只有利益关系，而这种利益关系是很容易折断的，这种合作也不可能长久。

（2）事业认同。事业认同即是从专业和职业出发，对事业的愿景和目标能达成一致，并愿意为实现这个目标付出长期的努力和辛苦，并随时愿意为可能的失败承担责任。如果一个人的事业不能被别人认同，不能成为彼此共同的事业，那么，这个事业是很难做大做强，很难持续长久的。只有在认同前提下实现参与的合作才是牢固的。如果因为某种利益，而被迫参与合作，那么彼此的合作一定不会长久。一旦条件具备，合作伙伴会立即远走高飞，另攀新枝。而在事业正在发展的关键时期，失去主力队员，对事业来讲是个沉重的打击。

（3）价值认同。价值认同即是对共同的信念、使命和文化的认同。这是从每一个人基本的价值观和人生观出发，对团队愿景、使命和文化的高度认同和统一。大家都有着共同的信念和愿景，那么，团队伙伴才能凝聚在一起，才能共同努力奋斗，实现每个人的价值，实现团队事业的价值。

人和人之间在共同合作中难免会产生摩擦，发生冲突。用共同遵守的信念、价值观念和使命来使团队成员达成统一，才能使团队中的矛盾得到化解，才不至于团队分崩离析。

总之，想要有所成就，想要建立强大的团队，并非一朝一夕的事情，它需要我们在实践中不断地探索团队的发展之路，成员间的关系也需要长期的磨合。

用行为规范强化价值观

有朋友向我咨询组织文化的问题，他的苦恼是为什么他的企业没有自己的企业文化，怎样才能形成企业文化。

我的回答是：有人的地方又有文化，没有文化正是你企业目前的企业文化。

这听起来像个笑话，实则不然。

文化这个话题，可以谈得很空泛，也可以谈得很具体。在管理中具体地谈文化，主要谈两点，一是组织的价值观，二是组织的行为规范。

组织中的每个人都有自己的价值观。一个人可以把"活儿少、钱多、离家近"当成自己的价值观，另一个人也可以把"活着就是为了改变世界"当成自己的价值观。管理的目的是让组织成员拥有共同的价值观，因此，第一步是阐述组织的价值观。第二步是在组织价值观的最后一条写明：当个人的价值观与组织的价值观相冲突时，接受后者。

价值观是用来指导组织成员行为的。例如某商超企业的价值观是"第一，顾客永远是对的；第二，如果顾客错了，请参照第一条"，于是员工的行为规范就是"永远不要和顾客争吵"。又如某企业的价值观是"高效"，于是员工的行为规范就可以是"当天的工作必须当天完成。"

在价值观的基础上，形成完成各项组织任务的行为规范，称为操作型规范。仅有操作型规范还是不够的，还必须有强化型规范。如果人们遵守操作型规范，而得不到奖励和认可，人们遵守的意愿就会降低，因而要制定对遵守规范的行为的奖励规范；如果有人违反操作型规范而得不到惩罚，那么这种违反行为就会重复出现和蔓延，让价值观成为一种摆设，因而要制定对违反规范行为的惩罚规范。这类奖惩规范可以强化人们对组织价值观的接受和遵循，因而是强化型规范。

价值观指向行为规范（操作型），行为规范（强化型）又指向价值观，这就形成了闭合循环。任正非在内部讲话中曾说："华为经历了十年的努力，确立了自己的价值观，这些价值观与企业的行为逐步可以自圆其说了"。自圆其说就是形成了闭合循环。

一旦价值观和行为规范构成了闭合循环，就能自我丰富和完善。任正非对此的比喻是"它将会像江河水一样不断地自我流动，自我优化，不断地丰富与完善管理……不断地流，不断地优化，循环不止，不断升华。这就慢慢地淡化了企业家对它的直线控制（不是指宏观的控制），那么企业家的更替与生命终结，就与企业的命运相分离了，长江就是最好的无为而治，不管你管不管他，都不废江河万古流。"

有明确的价值主张，并因之形成组织的各类操作型规范和强化型规范，企业的文化建设就真正迈开步子了。

part 4

找对人做对事，先战友后同事

让学历见鬼去吧！

——索尼创始人盛田昭夫

要找最适合的人，不要找最好的人

马云2006年在北大光华管理学院演讲时说：

1999年我融资100万美金。有了钱怎么办？首先就想到请人，请最优秀的人。最优秀的人在哪儿？跨国公司的副总裁，MBA，最好是世界500强的人。那些人进来之后，讲公司的战略、前景，讲得你热血沸腾。

我们有一个副总裁负责营销，第一个月跟我谈市场预算的时候，说今年需要1200万美金。我很惊讶。他说很抱歉，以前最少要花2000万美金。怎么办？你不听的话好像不尊重他，你要听他的话，我总共才融了100万美金。最后没有办法，还得请他离开。

这些错误使我们明白，办公司不是要找最优秀的人，而是要找最合适的人。波音747的引擎是很好，但如果你配的机器是拖拉机，发动引擎就爆炸。企业发展是一步一步往前走，每一步走的时候，用的是脑子而不是钱。

做企业拼的是智慧，拼的是勇气，拼的是团队的合作。假如企业家之间的竞争是靠钱的话，那银行更厉害，风险投资更厉害。有优势的时候钱就会来，很多创业者的计划书说，我什么都有，就是缺钱，那这个计划基本没用。

创业是一件非常美妙而又充满痛苦的事情，也是一件严肃的事情，选择合作伙伴一定要非常谨慎，创业要找最合适的人。对于企业而言，衡量人才是否优秀的唯一标准是他是否符合企业的发展需要。从作业要求的角度说，匹配的就是人才。理性的用人标准是不被人才的光环所诱惑，而是紧紧扣住"企业发展需要"这根弦。

1999年9月，阿里巴巴网站建立起来了，马云立志要使之成为中小企业敲开财富之门的引路人。10月，阿里巴巴获得以高盛牵头提供的500万美元风险资金，马云立即着手的一件事情就是，从香港和美国引进大量的外部人才。

马云对外宣称："创业人员只能够担任连长及以下的职位，团长级以上全部由MBA担任。"当时，在阿里巴巴12个人的高管团队成员中除了马云自己，全部来自海外。

接下来几年，阿里巴巴聘用了更多的MBA，包括哈佛、斯坦福等学校的MBA，还有国内大学毕业的MBA。但是，阿里巴巴请来的很多业界高手们，却严重"水土不服"。他们总是讲得头头是道，但结果干起来全错！后来这些MBA中的95%都被马云开除了。

马云后来回忆道："我跟北大的张维迎教授辩论，首先我承认我水平比较差，95%的MBA都被我开除掉了，难道他们就没有错吗？怎么可能95%都被我开除掉？肯定有错。因为这些MBA一进来跟你讲年薪至少10万元，一讲都是战略。每次你听那些专家跟MBA讲是热血沸腾，然后做的时候你都不知道从哪儿做起。"

错误让马云明白，公司当时的发展水平还容不下那样的人。那些职业经理人管理水平确实很高，就如同飞机引擎一样，但是将飞机的引擎装在了拖拉机上，最终还是飞不起来。

后来在阿里巴巴有这样一句名言，"让平凡的人做不平凡的事，充分调动他们的积极性和潜能"。马云不断说，我考三次大学没有考上，一定很平凡，如果你们觉得我今天是成功的，那每个平凡的人都能成功。可以说，阿里巴巴现在的成功离不开这一用人理念：找到最合适的人才，放在最适合的位置。

人放错了位置，就是垃圾

拿破仑说过："最难的倒不是选拔人才，难点在于选拔后怎样使用人才，即让他们的才能发挥到极致。"这是因为，发现人才、识别人才、选拔推荐人才，都是为了善用人才。

企业所需要的不一定是最优秀的人，但一定是最适合的人。因为"岗位需要"而使用人才，所以，"优秀"的人未必就是最能满足岗位需要的人选，在这种意义上，合适比优秀更重要。

作为企业管理者，一个重要责任就是最大限度地开发员工的潜能，让腰粗的人背土——不伤力；让腿粗的人挖土——有劲；让驼背人垫土——弯腰不吃力；让独眼龙看准绳——不分散注意力。要做到这一点，就要使员工与其岗位相匹配，通过岗位匹配达到开发员工潜能的理想效果。

一家公司的招聘登记表格中有这么一栏："你有什么短处？"一位下岗女工来应聘，在这一栏如实填上了"工作比较慢，快不起来"。很多人一致认为，她是不可能被录用的，谁知最后老板亲自拍板，录用了这位女工，让她当质量管理员。

老板说："慢工出细活，她工作慢，肯定会细心，让她当质量管理员错不了，再说，她去许多地方应聘过，没有被录用，到这里被录用了，肯定会拼命地干，以后我们公司肯定不会有退货了。"结果正如老板所预言的那样，那名女工工作成绩显著，公司的确没有退货了。

其实，在任何一家企业中，员工能力都是有区别的，这就像"发动机"和"螺丝钉"一样，企业虽然需要对企业产生变革性影响的"发动机"型人才，也离不开兢兢业业为企业奉献的"螺丝钉"型的员工。

　　所谓人无完人，三个臭皮匠赛过一个诸葛亮，只有通过优化组合将每个人的特长发挥到极致，才能人尽其才，物尽其用，从而获得完美共生。

　　有人曾说，在李嘉诚庞大的商业王国中，只要是人才，就能够在企业中有用武之地。是的，李嘉诚及其所委任的中层领导都明白这个道理。李嘉诚说，就如同在战场，每个战斗单位都有其作用，而主帅未必对每一种武器的操作比士兵纯熟，但最重要的是首领亦非常清楚每种武器及每个部队所能发挥的作用——统帅只有明白整个局面，才能做出出色的统筹并指挥下属，使他们充分发挥自身的长处以及取得最好的效果。

　　在集团内部，李嘉诚彻底摒弃家族式管理方式，完全按照现代企业管理模式进行运作。除此之外，他还精于搭建科学高效、结构合理的企业领导班子团队。李嘉诚深知，企业发展在不同阶段有不同的管理和人才需求，适应这样的需要，企业就能突飞猛进，否则企业就要被淘汰出局。

　　在李嘉诚组建的公司高层领导班子里，各方面人才都十分齐全。有人曾就此评论说："这个领导班子既结合了老、中、青的优点，又兼备中西方的色彩，是一个行之有效的合作模式。"

　　当然，用人所长，并不是对人的短处视而不见，更不是任其发展，而是应做具体分析、具体对待。有些人的短处说是缺点并非完全确切，因为它天然就是和某些长处相伴生的，它是长处的一个侧面。

　　这类"短处"不能简单地用"减去"消除，只能暂时避开，而关键还在于怎么用它。用得得当，"短"亦即长。克雷洛夫有一段寓言说，某人要刮胡子，却怕剃刀锋利，搜集了一批钝剃刀，结果问题一点也解决不了。

　　在一个人的身上，其才能有长处也有短处，用人就要用其长而不责备其短处。对偏才来说，更应当舍弃他的不足之处而用他的长处。一位优秀的企业领导会趋利避害，用人之长，避人之短，如此一来，则人人可用，企业兴旺，无往而不利。

　　一个工程师在开发新产品上也许会卓有成就，但他并不一定适合当一名推销员；反之，一个成功的推销员在产品促销上可能会很有一套，但他对于如何开发新产品可能会一筹莫展。如果管理者在决定雇用一个人之前能详细地了解此人的专长，并确认这一专长确实是公司所需的话，用错人的悲剧就可以避免了。

　　有人问淘金工，怎样获得金子？

淘金工说："金子就在那儿，你把沙子去掉后，剩下的自然就是金子。"

这个回答颇有"禅"的意味，它告诉了我们在生活中求真求善的最佳方式与途径。

一般来说，人的本性是见利不能不求，见害不能不避。趋利避害是人的本性，商人做买卖，日夜兼程，不远千里，为的是追求利益；渔民下海，不怕海深万丈，敢于逆流冒险搏斗，几天几夜不返航，因为利在海中。因此，对许多人，只要有利可图，虽然山高万丈，人也要攀登；水深无底，人也要潜入。所以，善于管理的人，对人才要顺势引导。

人都有优点和缺点，在用人时必须坚持扬长避短的原则。用人，贵在善于发挥人才之长，对其缺点的帮助教育，固然必要，但与前者相比应居于次。而且帮助教育的目的，也是使其短处变为长处。如果只看短处，则无一人可用，反之，若只看人长处，则无不可用之人。因此，在人才选拔上切不可斤斤计较人才的短处，而忽视去挖掘并有效地使用其长处。

🜲 拿着学历入门，靠着能力晋升

"不唯学历"是华为长期坚持的一条用人标准，其创始人任正非说："在华为，不论什么学历，进公司一星期后学历自动消失，所有人在同一起跑线上。凭自己的实践获得机会。强调后天的进步，有利于员工不断的学习。"

在任正非看来，聘用一个高学历而低能力的人，就是对企业资源的一种奢侈性浪费。

索尼创始人盛田昭夫曾经写过一本《让学历见鬼去吧》，他在书中说："我想把索尼公司所有的人事档案烧毁，以便在公司杜绝学历上的任何歧视。"

一个企业或许会看重学历、资历、地位，但是，并不会因为一个员工学历牛、资历老、地位高，就把他白白"供"起来。对企业来说，唯一想看的只有结果，你实际能做到什么，你的才干能为企业创造多少实际的价值，这才是最重要的，与这相比，学历、资历、地位通通都要靠边站。

在很多企业里，常常会有员工这样抱怨——"我好歹也读了MBA，怎么天天让我干这些打杂的活！""我都在公司待了四五年了，怎么工资跟新来的竟然没多大区别！""这么简单的事，随便找个人干就行了，干嘛非得找我啊！"……这样的抱怨，很大程度上源自于自身的优越感，比别人学历高，比别人背景好，比别人资格老，所以，就理所当然地认为自己应该比别人更受重视，更受优待，一旦被怠慢了，抱怨就如藤蔓一样疯长。因为这样的员工，并没有读懂企业。

所以，员工千万不要因为自己的学位、资历和地位优越于其他人，就自满自大。恰恰相反，员工的这些条件越优秀，企业对其所抱的期望也就越高，因此，这样的员工反而还要加倍努力，让自己的学历、资历真正转化为能力、实力，如此才能真正让企业满意，自己才能获得重视与优待。

一次，美国通用公司招聘业务经理，吸引了很多有学问、有能力的人前来应聘。在众多应聘者中，有三个人表现极为突出，一个是博士A，一个是硕士B，另一个是刚走出大学校门的毕业生C。公司最后给这三个人出了这样一道题：

有一个商人出门送货，不巧正赶上下雨天，而且离目的地还有一大段山路要走，商人就去牲口棚挑了一头驴和一匹马上路。

路非常难走。驴不堪劳累，就央求马替它驮一些货物，可是马不愿意帮忙，最后驴终于因为体力不支而死。商人只得将驴背上的货物移到马身上，马就有些后悔。

又走了一段路程，马实在吃不消背上的重量了，就央求主人替它分担一些货物，此时的主人非常生气地说："如果你替驴分担一点，现在就不会这么累了，这都是你自找的，活该！"

没多久，马同驴一样也累死在路上，商人只好自己背着货物去买主家。

应聘者需要回答的问题是：商人在途中应该怎样才能让牲口把货物驮往目的地？

A说：把驴身上的货物减轻一些，让马来驮，这样就都不会被累死。

B说：应该把驴身上的货物卸下一部分让马来背，再卸下一部分自己来背。

C说：下雨天路很滑，又是山路，所以根本就不应该用驴和马，应该选用能吃苦且有力气的骡子去驮货物。商人根本就没有想过这个问题，所以造成了重大损失。

结果，C被通用公司聘为业务经理。

A和B虽然都有较高的学历，但是遇事不能仔细思考，最后还是以失败告终。C虽然没有很高的学历，但是他遇到问题不拘泥原有的思维模式，善于运用自己的思想，灵活多变，着眼于解决实际问题，所以他成功了。

这也从另一个方面启发了哪些没有傲人学位、资历的人，你们不需要为这方面的欠缺而自卑，不要因此而压抑自己、束缚自己，更不要因此成为放松对自己严格要求的借口。

有一句话说得好，"若不给自己设限，则人生中就没有限制你发挥的藩篱"。放开在学位、资历上的顾忌，不断在企业这所大学中去修习，用心锻炼并提升自己的实际才干与能力，全力以赴将工作做到最好，这样锤炼出来的员工，对于团队来说，同样也是无价之宝。

搬开同事的绊脚石，就是为自己垫了铺路石

管理大师德鲁克说过"要善于合作，做自己擅长的事情"，德鲁克的意思是，在一个高度合作的社会之中，要真正获得成功，就必须先融入团体，然后将精力集中在自身最擅长的事物上，才能成为某个领域的"数一数二"和不可替代者。

在松下电器公司里，招聘、选拔人才的时候是十分注重团队精神的培养的，那些眼高手低、特立独行的罗宾汉式的员工，不管他有多大的才能，松下幸之助一概把他们拒之门外。任何企业都不需要"罗宾汉"，善于团结与分享的员工才是"成功至宝"。这是因为在你帮助别人的时候，往往也帮助了自己。

印度谚语所说："帮助你的兄弟划船过河吧！瞧，你自己不也过河了！"在工作中多帮助一下别人，你也会得到同样的帮助。

刘德华为了拍出有探索价值的电影，帮助年轻人上戏，让新导演执导，他全力以赴，不惜亏本。在他的资助下，陈果执导的《香港制造》获得了金像奖最佳电影。刘德华常说，自己就是由新人过来的，也曾被雪藏过，那种处于最底层、迫切渴望被人发现的心情，至今难忘。"给别人机会就是成就自己"，对于挖掘和培养新人，刘德华不遗余力。只要有时间，他便会出席一些艺员训练活动，言传身教。正是这种助人为乐的精神使刘德华受到了同行和广大观众的尊重，也使他在演艺界这么多年始终长盛不衰。

刘德华就是一个很好的榜样。事实上，人活于世，不要总是想着自己，而应该学会爱护和帮助别人。一般情况下，帮助别人也就是帮助自己，可以使自己变得更强大。在某些人的固有思维模式中，总是认为帮助别人就意味着自己吃亏，别人得到的东西就是自己失去的东西。其实，有时帮助别人只是你的举手之劳。

即使有时需要你在帮助别人时做出必要的自我牺牲，比如耗费自己的精力、体力，耽误自己的时间，但是，这种牺牲是非常值得的，因为别人肯定会给你相应的甚至更多的回报。

联邦快递亚太区总裁陈嘉良在谈到团队合作精神时，提起了这样一个故事。曾经有一段时间，每一个长假期以前，那些高级经理都会早一点放假。陈嘉良和几个高级领导发现了这一问题，他们觉得丢下员工在公司单打独斗很不公平。因为在放假以前货量特别多，员工们很努力去为公司的客户服务，但是管理者却在员工最需要帮助的时候丢下他们在公司独自奋斗，自己却去安享假日生活。为此，陈嘉良特意召开会议和经理们商量此事，最后，他们通过了在长假期以前高级管理人员不得提早放假的决定，相反，高级管理人员应该到不同地方跟员工去碰面，对他们鼓励，早上买一点早点给他们吃，让他们知道在前线去工作不是单打独斗。

陈嘉良说："我们是一个团体，我们用实际行动表示，我们会支持员工，这样，他们才会觉得开心，他们才会愿意去克服很多困难。"实际的支持也是一种合作，而且是最有效的内部合作。

有一个成语叫"狼狈为奸"，狼善奔袭，狈善计谋，狼依靠狈的头脑，狈依靠狼的体能，二者合力，干起坏事来无往不胜。所以，这个成语本意是个十足的贬义词。但是，任正非却给这个词赋予了新的解读，他所倡导的团队理念之一就是"狼狈文化"，他要求华为内部要形成"狼狈组合"，既要有富有进攻性的狼，又要有精于算计的狈，真正实现前线市场员工的"狼性"和后方支援员工的"狈性"之间的互补。正是这种紧密团结、高度协作的团队理念，使得华为的团队在市场上独树一帜，实力强悍，他们从签合同到实际供货只需要短短四天时间，这种极高的效率不仅让竞争对手心寒，也让客户惊叹。

不仅理念如此，现实的情况也是如此。随着社会分工的日趋细化，每个人在某方面工作时间长了，在那一块就会熟悉一些，精通一些。"你的后院，是他人的前厅"，这种现象非常普遍。因此，常常会有这样的情况——你不擅长的事情，或许你的同事很擅长；而你的同事不那么专业的事情，你或许就是专家。

在这样的大前提下，完美的个人几乎可以忽略不计，但是由各方面"专家"汇聚而成的组织却可能组成完美的团队。一个人单兵作战做不到的事情，一个团队却很有可能轻而易举地完成。个人融入团队，团队凝聚众人，这样才会有更强的战斗力。

作为华为的总裁，任正非自己就是很好的例子。他看重团队精神，不搞"个人英雄主义"，他喜欢融入华为这个大团队，而不喜欢别人把他看作高高在上的总裁。华为历年在培训新员工时都会提醒新人，见到老板不要刻意恭敬地叫"任总"，这会让他反感，只要像见到其他员工一样平和相待就好。正是因为有这种强烈的团队意识，有这种群体奋斗的"狼狈文化"，华为才有了今天的辉煌。

搬开同事工作中的绊脚石，有时恰恰也为自己铺垫了铺路石。我们不能处处想着自己，要着眼于未来，你帮助了别人，别人也会回报于你，这样就成就了你自己，使自己获得了成功。

人是利益动物，趋利避害，名缰利锁，很难免俗。在职场中，明处摆着竞争机制，暗地里藏着微妙的人事纠葛，当成为竞争对手的时候，一个员工很难去欣赏另外一个员工，自然就会互不理睬，甚至互相拆台，不愿意与对方合作。其实，每个团队都似一个大家庭，每名成员都是这个家庭中的一员，只有放下小利，诚心合作，才能让团队整齐划一，协同对外，获得共同发展的机会。

当然，企业里从不乏"太见外"的员工，他们游离在团队之外，相信自己远甚于相信别人，他们崇尚自己打拼，崇尚一个人的冲锋陷阵，认为靠别人的帮助与协作做出来的成果就称不上是真正的成果。这些员工在完成一些不太艰难的任务时还能胜任，但一旦有重大任务，他们是很难做成的。

所以，在这样一个讲求合作共赢的社会中，太见外，很容易被孤立，一个人的力量能够撑多久呢？所以，我们应该抛弃过去的固有成见，学会用团队的力量实现共赢。

落后者紧抓机会，优秀者自造机会

要发挥团队每一个人的潜力，除了团队领导要在选人、用人、育人方面下功夫之外，团队成员自身的积极主动，自创机会也非常重要。

俞敏洪曾经给新东方的员工们讲过一个真实的故事：

有一个学生，刚从一所很普通的学校毕业，没有太大的优势，英语也比较一般，他到新东方求职，被安排了一份收发耳机的工作。他接受了这份工作，每天派发耳机的时候，他就想，如果自己能在做好工作之余，再把英语练得比以前好一点，没准能得到更好的机会。于是，他一边认真仔细地工作，一边旁听老师们的授课。这样过了两年，他的英语水平突飞猛进，而且，在旁听很多老师授课的时候，他也在不知不觉中掌握了很多教学技巧。他觉得自己比以前成长了很多，应该够资格也够能力上讲台讲课了。

于是，他找到俞敏洪，提出自己要当英语老师的想法。俞敏洪吓了一跳，他想一个收发耳机的人怎么有能力当英语老师呢？这个人很执拗，他坚持一定要俞敏洪试着听他讲一回课。

俞敏洪抱着试试看的心理给了他一次机会，结果发现，这个人跟两年前相比，真的大不相同，不仅英语水平精进很多，而且在授课技巧上也很有自己的风格。于是，俞敏洪批准了，这个收发耳机的人，真的成了新东方的授课老师，后来还成了新东方的名牌老师，再后来又成了新东方一家分校的校长。

没有人给他提供机会，但他从一个落后者抓住了机会，并让自己成为了一个优秀者，给自己创造了机会。

2011年1月，新一年的华为大学干部高级管理研讨班开课了。和很多公司一样，华为也对自己的员工进行培训。但与其他公司不同的是，华为对自己员工的培训并不是免费的，学费也不是象征性地收一点，而是全额缴纳。

华为为什么要这么做？原来，不免学费，为的就是以此将自主学习的员工从员工大军中筛选出来，不喜欢学习的员工是断然不会为这样的事情"破费"的。至于学费高昂，为的就是让交了学费的人心疼，这是一笔"巨款"，交了学费不学习，这笔钱就浪费了，学费在这里起到了一个有效的督促作用。然而，华为大学的昂贵并不只有这些，任正非明确表态："以后的收费标准可能会越来越高，交学费、停薪就是要让你有些心痛，有痛的代价你才会更努力。"

推行这样一种企业的学习方式，华为又意在何方呢？华为正处在不断发展壮大的过程中，企业也需要越来越多的人才来进行支撑。"我们要从过去的培养制和苦口婆心的培育方式，转变成你爱学就学，不学我们也不会给你穿小鞋，我们关键是看你工作干得好不好来确定你的去留，而不是看你爱不爱学习。历史上不好好学习最后成了伟大人物的例子很多，学习不要强求。"任正非如是说道。主动学习方式筛选下来的，大多都是精英级别的人物，华为需要普通员工，但未来的道路上更需要这类精英员工。

用这样的方式设立华为大学，任正非的目的有三个，第一就是提升员工的实际工作能力，将这种能力转化为企业的效能，提升效益；第二，有偿办学的模式，能够将员工的学费作为改善企业大学办学条件的资金，让学员与时俱进的同时，企业大学自身的教学能力也能够有相应的提升；第三，这是华为吸纳优秀员工，为未来进行干部储备的最好方式，相当于为管理层进行人才推送的服务。

企业有责任对员工进行培训，但企业培训与学校培训有着本质的区别，那就是企业的天职不在于培养，而在于以薪水的形式，让员工为企业创造价值。所以，作为员工，应该用有别于学校教育的眼光来看待企业培训。

并不是每一个企业都像华为一样，有着这么系统的岗内培训系统；并不是每一个企业都能以华为这样的视角来考虑员工的价值提升。更多的时候，我们面对的岗位需求是，有能力就上，没能力就靠边站，你愿意花钱，也没有地方给你进行培训。这种情况下，就要求我们员工自己对自己进行时时充电，让自己时时刻刻处于"有竞争力"的优势下。只有这样，才能在面对机遇的时候一举将其握在手里。

用学习代替拼命，用知识改变命运。在很多时候，主动学习就是在自造机会，就是在开始一段追求卓越的旅程。

研究发现，在进行"有效充电"的时候，要着重注意两个问题：

第一，学会挤出时间学习。一般来说，八小时的工作时间里，不应该成为私人专用的大块"充电"时间，否则就有"假公济私"的嫌疑。我们应该充分利用的是那些零碎的非工作时间，比如在车上时，在等待时，可用于学习，用于思考，用于简短地计划下一个行动等等。而且步入工作之后，这种零碎学习应该成为主要的学习方法之一。因为零碎时间内学的东西内容少，容易被记住，因而也就腾出了大量的整块时间做相对专业的培训。

第二，千万不能有急功近利的心态。追求成功没有错，但是不可以急于求成，幻想在最短的时间里，在各个方面都取得成绩，老板就会给自己一个重要的领导岗位，急功近利只会让自己失去耐心。这样一旦自己在短期内的努力，没有马上得到回报，甚至遇到困难，就会无所适从，抱怨怀疑，甚至会失去坚持下去的动力，觉得工作没有了前途，这样的心态永远都不会得到回报。

part 5

用制度管人，靠流程执行

一靠理想，二靠纪律，才能团结起来。

——邓小平

领导的执行力不等于团队的执行力

制度对经济发展和组织效率提升的意义不言而喻。

经济大师诺思在《西方世界的兴起》中宣扬的最主要的观点就是西方经济的发展最主要得益于制度的变迁。他这里讲的"制度"，不仅包括国体、政体在内的"大制度"，也包括了商业机制、企业制度、信用制度在内的"小制度"；不仅包括了各种由长期习惯而形成的明文规则等正式制度，也包括了社会风俗、文化等隐性的非正式制度。

舒尔茨认为，制度的功能就是为经济提供服务。每一种制度都有其特定的功能和经济价值。比如，货币制度的特性之一是提供便利；期货制度可以提供一种降低交易费用的合约；市场制度可以提供信息；保险制度可以共担风险；教育制度可以提供公共服务等。制度对于区域经济的发展居功至伟，而对于个体组织，企业的执行力、严谨制度的创立等也是不可或缺的重要因素。

首先，我们要理解管理制度究竟是什么。

一般地说，管理制度是企业一系列成文或不成文的规则，或说它是企业贴上个性标签的关于经营管理的不同"打法"。

制度不仅规范企业中人的行为，为人的行为画出一个合理的、受约束的圈，同时，也保障和鼓励人在这个圈子里自由地活动；或更通俗地说，制度是一种标签或符号，它将企业中人的行为区分为"符合企业利益的行为"和"不符合企业利益的行为"。企业的管理者和决策者可以据此采取奖勤罚懒的措施，褒奖"符合企业利益的行为"，惩罚"不符合企业利益的行为"，从而有效地刺激企业中的人约束自己，提高组织执行的效率。在这样的奖罚中，企业的各项规章制度也得以推行和巩固。

企业推行一种规章制度的诱因在于企业期望获得最大的潜在利润，而最直接的原因则在于提高组织的协调性和管理的有效性。从某种意义上讲，企业创立、创新的一种制度是企业自身组织的一种形式，目的是协调企业内各部门之间协作效果和企业与外部衔接的有效性；用新制度学派的观点来看，就是为了追求"收益递增"和解决交易费用过高等市场不完备的问题。

其次，我们要明白制度对执行的重要意义。

企业家的执行能力与企业的执行能力是两个完全不同的概念。企业家的执行能力是个人能力，而企业执行能力是组织能力或制度性能力。企业家的执行能力是人治，而企业的执行能力是"法治"。人治的企业家能力通常是用"能人"，背后的哲学思想是"疑人不用，用人不疑"。而企业执行能力背后的哲学思想是：人是一定要犯错的，所以用人就一定要疑，要建立一套制度来规范和约束人们的行为。

美国著名管理学家、《基业长青》一书的作者詹姆斯·柯林斯从400多位声名显赫的美国企业巨头中评选出了美国有史以来最伟大的 10 位 CEO。令人意外的是，许多赫赫有名的人物并未入选，如曾是世界首富的微软前总裁比尔·盖茨、通用电气公司前 CEO 杰克·韦尔奇等。

相反，上榜的 10 位企业家中有人当初根本就没想到自己是当 CEO 的料，如波音公司总裁比尔·艾伦。柯林斯指出，这十大 CEO 的伟大之处在于：他们建立了在自己卸任之后，公司依然能够长久兴旺发达的企业机制；他们专心致志地构建一种大而持久的制度，并不刻意成为伟大的领袖；他们奠定了企业长盛不衰的基础，使企业能够持续发展。

所以，中国企业界谈执行问题的时候，千万不要本末倒置，为了速效而牺牲对企业基业长青的"基因"（制度与文化）的建设。管理者应当懂得企业持续增长的源泉，在于制度与文化对"人性中善的弘扬与恶的抑制"，只有在这样一个"道"的前提下，对执行"术"的追求才有意义。

随着企业的发展，规模的不断扩大，企业领导人再用类似车间主任管理车间的那种方式来管理企业已经彻底行不通了，要在管理模式和管理机制上下工夫，要夯实制度管理的基础。

企业领导人做企业，信誉是第一位的，但只有信誉是不够的，还要有一定的制度保障才行。因为员工需要一个更加开放、透明的管理制度，需要建立一个顺畅的内部沟通渠道，更重要的是形成规范的、有章可循的"以制度管人，而非人管人"的管理制度，增加内部管理的公平性。在企业持续发展阶段缺少"人本管理"并不可怕，而缺少行之有效、人人平等、贯彻始终的制度管理是可怕的，它会导致管理流程混乱。

因此，企业只有通过严格的制度管理，打破"人管人"的旧框架，实行"制度管人"的管理方式，才能将管理职能化、制度化，明确管理者的责、权、利，从而避免"多头领导"，提高管理效率和管理执行力。

制度能让人变鬼，也能让鬼变成人

制度本身的好坏，对人的行为有重要的影响。好制度和有缺陷的制度，其最终所达到的效果会截然不同。一个良好的制度，能够鼓励人们做好事情；相反，一个不良的制度会阻碍人们的积极性，甚至把好人"逼"成坏人。所以，一个组织系统内部有着怎样的作为，取决于制度的好坏。

让我们来看一看下面这个常被人提起的故事：

有7个人组成了一个小团体共同生活，其中每个人都是平凡而平等的，没有什么凶险祸害之心，但不免自私自利。他们想用非暴力的方式，通过制定制度来解决每天的吃饭问题。比如要分食一锅粥，但并没有称量用具和有刻度的容器。

大家试验了不同的方法，发挥了聪明才智，多次博弈形成了日益完善的制度。

实验过程是这样的：

（1）拟定一个人负责分粥事宜。很快大家就发现，这个人为自己分的粥最多。于是又换了一个人，仍然是主持分粥的人碗里的粥最多、最好。由此我们可以看到：权力导致腐败。

（2）大家轮流主持分粥，每人一天。这样等于承认了个人有为自己多分粥的权力，同时给予了每个人为自己多分粥的机会。虽然看起来平等了，但是每个人在一周中只有一天吃得饱而且有剩余，其余6天都饥饿难挨。于是我们又可得到结论：绝对权力导致了资源浪费。

（3）大家选举一个信得过的人主持分粥。开始时，这位品德尚属上乘的人还能基本公平，但不久他就开始为自己和溜须拍马的人多分粥。不能放任其堕落和风气败坏，还得寻找新思路。

（4）选举一个分粥委员会和一个监督委员会，形成监督和制约。公平基本上做到了，可是由于监督委员会常提出多种议案，分粥委员会又据理力争，等分粥完毕时，粥早就凉了。

（5）每个人轮流值日分粥，但是分粥的那个人要最后一个领粥。令人惊奇的是，在这个制度下，7只碗里的粥每次都是一样多，就像用科学仪器量过一样。每个主持分粥的人都认识到，如果7只碗里的粥不相同，他确定无疑将享有那份最少的。

这个故事给了我们很深刻的启示：不同的制度会产生截然不同的结果。

当然，上述是个理想化的故事，因为当一个制度建立起来之后，不可能那么容易就会改变的，而且这个故事所说的制度改革，只限于分配层面，还没有涉及生产、交换等其他层面，但这也足以说明了制度不同所带来的效果的差别。如果这个故事有其理想色彩的话，18世纪的一个真实故事就显得更为现实。

18世纪末，英国人来到澳洲，随即宣布澳洲为它的领地。但要开发这样辽阔的大陆，需要大量的人力，可当时英国没有人愿意到荒凉的澳洲去，于是，英国政府想了个办法，把罪犯统统发配到澳洲去。当时，大规模运送犯人的工作被一些私人船主承包。在运输费用结算上，起初，他们采用的是以上船的人数支付费用的制度，至于到了澳洲上岸时还有多少人活着就与船主无关了。

运犯人的船大多是很破旧的货船改装的，船上设施极其简陋，没什么药品，更没有医生，生活条件十分恶劣。而船主为了牟取暴利，尽可能多装犯人，却把生活标准降到最低。一旦船离了岸，船主按人数拿到了钱，对这些犯人能否活着到达澳洲就不管了。有些船主甚至故意断水断食。3年内从英国运到澳洲的犯人在船上的死亡率达12%，甚至有一艘船上424个犯人竟死了158个，死亡率高达37%，不仅英国政府遭受了巨大的经济和人力资源损失，英国民众对此也极为不满。

英国政府于是想了很多办法。每艘船上都派一名官员监督，再派一名医生负责船上的医疗卫生，同时对犯人的生活标准做了硬性规定。但死亡率不仅没降下来，反而有的监督官和医生竟也不明不白地死了。政府后来查清了原因：一些船主为了贪利而行贿官员，如果官员不听从，就干脆把他们扔到大洋里喂鱼。老问题没解决，还出了新问题，政府多花了钱，却仍然会死人。

根据一些绅士的提议，政府把船主们召集起来进行培训，还教育他们要珍惜生命，告诉他们送犯人去澳洲开发是为了英国的长久大计，不能把金钱看得比生命都重要。但情况依然没有好转，死亡率一直居高不下。

这时，一位议员认为，那些私人船主钻了制度的空子，政府支付的费用不能以上船人数来计算，而应倒过来，以到澳洲上岸的人数为准计算。政府采纳了他的建议，即不论你在英国上船时装多少人，到澳洲上岸时再清点人数支付给船主报酬。结果，船主们一改以往的做法，想尽办法让更多的犯人活着到达目的地，饿了给饭吃，渴了给水喝，大多数船主甚至聘请了随船医生，犯人的死亡率降到了1%以下，有些运载几百人的船经过几个月的航行竟然没有一人死亡。

船主还是那些船主，为什么他们一开始偷奸耍滑，后来又变得仁慈了呢？并非他们的本性有什么变化，而是制度的改变导致他们的行为发生了变化。

不好的制度能使人事不关己，高高挂起；好的制度能使人肝胆相照，荣辱与共；不好的制度会使人感到山重水复，好的制度则能使人感到柳暗花明。尽管好的制度也有一定的局限性，不是十全十美和万能的，但没有好的制度是万万不能的。

🕹 不合理的管理制度要改革

　　企业制度是指一个企业制定的要求企业全体成员共同遵守的办事规程或行动准则，良好的企业制度对企业发展起着巨大的作用，而不合理的企业制度不但在企业里造成管理混乱的现象，而且直接影响到企业的可持续发展。

　　如果制度本身不合理，缺少针对性和可行性，在执行起来就会遇到诸多困难。许多企业往往用一些条文来约束员工的行为，通过各种考核制度来达到改善企业管理的目的，但是制度不合理本身限制了企业的发展。

　　李正方在一家民营企业工作，这个企业的管理制度可谓十分严格。单位规定早上8：00上班，迟到15分钟以内，扣全天工资，迟到15分钟以上，一个月奖金全部扣发。虽然单位出现迟到的现象也很少，但是员工从内心里很反对这种制度，容易产生逆反心理，责怪企业太没人性。有一次下着大雨，公交车一路堵车，最后他在8：07才赶到单位，值班保安立刻叫住他登记科室姓名，一天辛辛苦苦就这样白干了。后来有人告诉他，迟到15分钟后，干脆就不要来了，赶快打个电话，撒个谎，说有急事请假，这样一天的工资是没了，但是全月奖金保住了。

　　这样的管理制度，看似十分严格，实际上有很大的漏洞，导致员工想出许多办法来对付。长此以往，会有越来越多的人产生规避心理，实在不行就抬腿走人，那么企业制度就成了人才流失的一个重要原因。

　　而有一些企业规定，8：00上班，如果8：15以前到单位，且一个月在规定的次数以内则不算迟到，超出规定次数，才开始惩罚，这得到了员工的认同，也容易执行。

　　有一家公司马上学习这种做法，公司规定9：00上班，9：15分以前到公司的，一个月三次以内不算迟到，第四次就重罚，员工对此很拥护，执行得也好。

制度本身的目的是为了更好地规范管理，建立健康有效的管理机制，一旦成了不合理的束缚，就会导致员工敷衍了事。

有这样一家国有企业，管理制度制定得非常不合理。比如，当承包一项工程项目时，项目经理对成本控制得无论是好还是坏都无所谓。因为赢利了上缴，对项目经理除了名誉上的奖励以外，物质上没有任何奖励，一旦工程亏损，也没有任何惩罚措施。结果很明显，大部分工程处于绝对亏损状态，只有少数工程刚刚持平。当企业的规定流于形式时，好的、合理的制度受到牵连，使得企业中许多良好的制度最终都没有执行，结果人人都在混事，有本事的一个个都离开企业另谋发展，企业的经营状况一天不如一天。如果领导还看不到问题的严重性，并采取相应的措施，那么，这家企业破产是迟早的事情。

制度不合理对一个企业的影响是重大的，导致执行力不够，直接关系到企业的成功与发展，因此，企业首先改革的当是不合理的制度。

海尔创始人张瑞敏提出的"斜坡球体理论"，其中就指出"企业就像置于斜坡上的球体，要向上发展需要动力，动力来源于差距，要防止向下滑坡，需要止动力，止动力就来源于企业的基础管理制度"。

企业管理制度的制定要从以下几方面出发进行综合研究。

1. 要结合企业文化来制定企业制度

制度是灌输和贯彻企业文化的一个重要渠道。例如：

在一个强调奉献精神的企业里，制度就应该多一些反对私利，打击损公肥私，倡导公平、奉献的内容。

在一个强调沟通的企业里，制度就应该多一些反对自我封闭，打击地盘主义，倡导团队团结精神的内容。

在一个强调创新的企业里，制定的制度就应该多一些反对故步自封、经验主义，而包容某些失败，倡导学习的内容。

……

如果一个企业在建立企业制度的时候没有考虑到企业文化，这个制度便失去了它的生命力。

2. 制定的制度要和企业发展的阶段性相适应

在不同的发展阶段，企业会面临不同的阶段性任务，相应地就不可避免地要应对不同的问题。制度这时的作用就是保障企业在这个阶段的运营，圆满完成阶段性任务。例如，企业在成长阶段大多强调销售，这时的制度应该偏重销售方面，"能抓住老鼠的猫就是好猫"，而其他的某方面应该包容；而在发展已经成熟的企业中，要更加注重整体协调，所以制度就必须考虑全局，注重综合治理。

3. 企业制定的制度要和企业资源相适应

制度的功能之一就是不断促进企业资源的完善，而不是无谓消耗资源。例如，当企业正处于人才缺乏的时候，在制度的某些方面就必须考虑到包容性，不要使人都让制度罚走了、吓走了，否则谁还为企业做事呢？而在人才充沛的时期，就要考虑到对人的综合要求。

4. 企业制定的制度要充分考虑到市场因素

每个企业都有不同的作业流程。制度在这里的任务就是充分保障作业流程的顺利实施，也就是手里拿着笔，眼睛要盯到市场上去，盯到一线去，这样的制度才不会成为效率的绊脚石，而且将促进效益的提升。

5. 制定的企业制度要有服务员工的观念

管人是需要技巧的，例如你本来是在管他，但是，你不能说我管你，而应该说我帮你。这样他人才会接受你的想法，乐于被你管。为此，制定制度的时候，应该注意以下几点：首先，制定的制度本身要易于理解，简单明了，能让员工很快能看明白，容易记住。在西方文化中，他们讲制度，所以西方人用制度管人，任何人都不能超越制度。所以，他们制定的制度非常详细。但是这种方法在中国就不适用。中国人是讲情理，如果只跟员工讲制度，他们会不愿意、不接受。所以，在中国制定制度要简化，不仅仅是易记，更重要的是留下合理权变的空间。没有这个空间，你权变了，员工会认为制度根本没用，有了这个空间，员工会认为你讲理讲情，即便罚了，也服了。另外，制度写得简单，就避免因为执行层面过多而制造出不必要的麻烦，并且既浪费时间，又消耗资源。

6. 群策群力，共同制定企业制度

发动所有员工对制度建设献计献策，为了制定更有效的制度，有更多的企业员工参与，才越有利于企业制度的制定。但是，如果让企业员工自己说，他可能顾虑重重，所以，我们可以采取一些策略，让他说出自己的想法，提出宝贵意见。例如，在企业制定制度前，我们可以让每个员工包括中高层管理者写一篇东西，就是如果让他去做一个企业，他该怎样去创建。然后采取匿名打印的征稿形

式，多做动员工作，让员工热情参与进来，制定制度的负责人就能从投稿中找到很多宝贵的意见和建议。

7. 制度制定要有罚有奖

有些公司制定的制度满篇都是公司禁止员工做什么，做了什么要受到怎样的处罚，这样就无形中约束了员工工作的自由度。总是束缚员工做事，不利于发挥员工的主动性和创造性。有罚就应该有奖，适当地制定一些奖励措施，有利于激发员工的积极性和工作热情。奖励或惩罚也不一定要用奖多少钱罚多少钱，可以灵活一些。例如，惩罚打扫一周的卫生，奖励一款手机等等。有时候这样的措施，更能激发员工工作的积极性。

8. 制定的制度要有救人的观念

当一个员工出错，在惩罚他的同时，也要有要求他改正错误。这样能够使他们更加深刻地认识到自己的错误，并更加坚定决心改过自新。例如，一家公司的3个业务员没有完成月销售任务，按规定扣了他们工资后，又让他们看指定的有关销售技巧的图书，并且每周向经理汇报自己读书的心得。结果，下一个月，除了1个人的量很接近任务未完成外，另外2个都完成了。

9. 制度要适时进行更新

制度不是死的，一成不变最终肯定变为形式主义了。随着市场环境的不断变化，员工队伍、企业组织也在发生着相应的变化，企业制度要注意适时更新。当然，制度更新的频率不要太快，不能天天更新，月月更新。而是当外界发生的变化导致企业自身在组织、管理、运营层面发生改变的时候，制度就必须要变了，而且最好是变在前面，这样主动权就在企业手里了。

企业制度制定得是否合理，关系到企业发展大局。"无情的制度，有情的管理"，作为员工应该自觉遵守各项规章制度，用制度制约并保护自己；作为领导应该以身作则，以自己的一言一行去教育员工，引导员工。

没有制度和流程，就没有执行力

比尔·盖茨在担任微软CEO时称："在未来的10年内，我们所面临的挑战就是执行力。"

可见，拥有强大的执行力在未来才能保证团队内部正常、畅通运作。那么，什么是团队的执行力呢？

通用公司前任总裁韦尔奇先生认为所谓的团队执行力，就是"企业奖惩制度的严格实施"。

阿里巴巴总裁马云与日本软银集团总裁孙正义曾探讨过一个问题：一流的点子加上三流的执行水平，与三流的点子加上一流的执行水平，哪一个更重要？结果两人得出一致答案：三流的点子加一流的执行水平。再好的决策必须要得到严格执行和组织实施。一个好的执行人能够弥补决策方案的不足，而一个再完美的决策方案，也会死在差劲的执行过程中。从这个意义上说，处于现今市场经济中的现代企业，没有执行力，就没有竞争力。

我国东北地区曾有一家大型国有企业因为经营不善导致破产，后来被日本一家财团收购。厂里的人都在翘首盼望着日本人能带来一些先进的管理方法。但是，出乎他们意料，日本只派了几个人来，除了财务、管理、技术等关键部门的高级管理人员换成了日本人之外，其他的什么都没有动。制度没变，人没变，机器设备也没变。日方只有一个要求：把先前制定的制度坚定不移地执行下去。结果这个企业不到一年时间就扭亏为盈了。日本人的绝招是什么？就是执行力，无条件的执行力。

上海的必胜客也是一个典型的例子。

每当我们打4008-123-123的时候，就能得到必胜客的服务，这个号码是必胜客的唯一号码，当我们打电话到必胜客的时候，必胜客的工作人员立刻用电脑将电话分类，30分钟之内将比萨送到我们的家里。必胜客之所以有如此高的工作效率和它注重执行力有关。必胜客有严格的规定，如果员工在送比萨时忘记了带作料要扣钱，顾客没有及时收到比萨，员工要扣钱。顾客进来时没有跟顾客问好的员工要扣钱。顾客走时没有说再见的员工要扣钱，等等，很多新员工进去还没有拿到薪水就已经被扣光了。正是必胜客的严格要求，使得必胜客能够在快餐业遥遥领先。

反之，执行不力，企业就会遭遇险境。联想公司在1999年进行ERP改造时，业务部门不积极执行，使流程设计的优化根本无法深入。长此下去，联想必将瘫痪。最后柳传志不得不施以铁腕手段，才浇灭企业内部试图拖垮ERP以保全既得利益的势头。

一个企业缺乏执行力可能有以下几方面原因。

第一，下属缺乏贯彻执行的能力。例如，一个IT总裁想要开发一种具有多种功能的全新软件，但是如果手下的人都不擅长软件开发，那么，总裁的命令在实施的过程中就会受到重重阻碍，即使可能勉强完成，也不会有太大的成效。还有，如果下属是个优柔寡断的人，他在执行过程中犹豫不决，不知道怎样执行才能更好，那么这个人在执行任务上就可能拖拉低效，且还可能因为判断失误或难以决断而出错或错过执行大好时机。

第二，执行结构过于冗繁，不适合贯彻执行。执行一项命令，要等着上司批，然后再等着上上层的领导批示，然后在董事会讨论决定，之后才能执行这项命令，而执行的时候每个环节还要相互协调。如果是这样的话，一项命令就可能错过了它执行的大好时机，一个任务就已经浪费了很多大好时光，所以，执行结构太冗繁，不利于企业或团队贯彻执行。

第三，下属执行的态度不端正。例如，下属常常推卸自己的责任，把本该承担的过错责任推卸到他人身上，这样就会使员工之间出现矛盾，给企业制造了不稳定因素。同时这样的人就像是企业中的一颗不定时炸弹，因为他因为没有责任心，做事情就不会太认真，敷衍塞责，上面下达的命令，也不能保质保量地完成，很可能出现问题，而出现问题他就溜之大吉，就可能给企业带来巨大的损失。还有一些人不专心努力做事，而是总喜欢把功劳往自己身上揽，这也会给团队人际关系造成很大危害。有这些毛病的员工到哪个公司都不会受到青睐，这种不负责任的态度，是在应付差事。

第四，没有明确的奋斗目标。目标是员工们前进的一大动力，如果企业连未来的发展目标都不明确，那么，就会使员工陷入没有希望的境地，稀里糊涂地工作，不知道为什么目标而工作，就像是盲人走路，定然是小心翼翼，速度超慢。

第五，只重制度，忽视文化。增强员工对企业的感情也会提高领导的执行力。条条框框的制度即使再严密，如果员工内心没有实行的动力，他执行起来也是敷衍了事，达到标准就好，不会有动力和热情做到精益求精。而如果建设企业文化，培养一种员工们你争我赶，谁都不甘落后的氛围，那么，他们会主动尽职尽责，并且精益求精。

第六，缺乏对员工培训指导。每一个新员工在刚刚上岗时，都要有一个适应的过程，需要企业进行适当的培训，帮助员工尽快掌握现在的工作，但是一些企业为了降低成本，根本没有给员工工作培训的环节，直接让他们上岗工作。新员工因为对工作不熟练，执行环节就会大打折扣。

第七，考核制度不明确，赏罚不当。没有明确的考核制度，员工做好做坏一个样，做多做少一个样，久而久之定然会趋于松散，有句话这么说"员工只会做你衡量的事情，不会做你想要的事情"。领导者们常常困惑——为什么我的想法老是执行不下去呢？如何做到我在场和不在场一个样呢？我的压力这么大，而我的员工怎么感觉什么事情都没有似的呢？公布一项政策怎么没有几天就坚持不下去了呢？如何区分员工业绩的好坏呢？为什么这么多事情要我亲自盯呢？……其实这些困惑都可以通过绩效考核来解决，让员工看到他们努力后一定会有成果，那么，他们一定会努力去做。

第八，只重指令，不懂沟通。作为领导只知道下达命令却不懂得和员工沟通，员工如果不理解公司的政策和领导的意图、要求，他就很难执行到位。即使被问到他们是否了解公司的战略意图时，绝大多数员工的回答都会是一个字：是！其实，他们所认知的公司战略意图并一定是正确的。如果他们理解出错，那么，做事情可能会出问题，这样就会给企业带来不必要的麻烦。沟通则能把公司的意图和目标渗透到他们工作中的每个环节。有效的沟通还能增进员工和领导之间的了解，这有利于员工更快更准确地理解领导的意图。大凡执行力好的企业或团队都会非常努力地营造一个让领导者有效沟通的环境，使员工对组织目标有一个全面的了解。而一旦领导者之间的沟通非常有效、员工对目标都有一个明确的了解时，企业或团队的执行力就会得到很大的改善。否则沟通不畅，员工理解出现偏差，那么员工劳而无功，领导执行效果也不佳。

第九，事必躬亲，领导不懂授权。诸葛亮"鞠躬尽瘁，死而后已"的忠诚之心常使后人"泪满襟"。但是一生谨慎的诸葛亮在受到人们崇敬的同时，也引起一些人的非议，原因是诸葛亮不懂得授权，不信任任何人，事无巨细，事必躬亲，最后终于把自己累死，蜀国也因此后继无人，最终导致灭亡。一个国家的安危维系在一个人的身上是危险的，同样一个企业，一个团队的成败系于一个人的身上也是危险的。强调执行力的现代企业管理中，授权更是关键环节。可以说不懂得授权，就谈不上执行力。

第十，流程不畅，衔接不良。一件事情的完成需要每个人的配合，尤其是像企业要完成一项任务或目标，更需要员工之间的配合，部门和部门之间的默契合作，如果其中任何一个环节出现问题，那么就会影响到整个工作流程的进展。这样就会使执行力大打折扣。

执行流程不畅的原因

阿里巴巴总裁马云有一句话说：阿里巴巴不是计划出来的，而是"现在、立刻、马上"干出来的。

如果我们每个员工严格按照制度的要求，按照流程要求去工作，不互相推诿、不拖拉懈怠、尽心尽职，团结协作，将每一个流程的工作都落实到实处，将每一件任务都不折不扣地完成，这样的公司何愁不能发展壮大呢？

拥有一个好的流程对于成员完成任务有着非常重要的作用。好的流程规定了每一个职能和岗位在每一个流程中要做的事情和要求达到的标准，把所有的流程对于一个职能的要求和标准归纳起来，就形成了某一个岗位的具体职责。这样一个员工进入到某一个岗位后，只要按照这些可操作性很强的具体职责来做事，执行力自然就加强了。但是，我们有时候会看到，一些企业经常在说要加强执行力，并且也知道自己公司目前的执行力还比较弱，企业有些命令不能执行下去，但却一直找不到执行力弱的原因。其实，很可能问题就出在执行流程上，如果执行流程出了问题，就会大大影响团队的执行力。一个团队的执行流程不畅，主要出于以下几方面原因。

第一，一些执行者过于自由散漫，不按制度做事，结果使命令或政策在执行过程中出现停滞状态，可能造成很大的损失。

在2009年4月10日的上午，太原火车西站派出所附近一家汽车维修铺发生了油箱爆炸事故，造成了一死一伤的惨剧，最后调查结果表明，这是因为该维修铺的一名维修工人违规操作导致的。那名工人当时在给卡车焊接油箱。按照正确的操作流程，必须在油箱放干汽油后，对油箱不停抽气的情况下，才能对油箱进行焊接。虽然这名员工把抽气管放进油箱里，却没有打开气泵。结果，因为油箱内残余汽油挥发，遇到焊接时产生的高温，便立即发生了爆炸。

这就是因为不按流程办事造成的结果。同样作为企业或团队中成员，如果不按流程操作，私自违反规定去做事，很可能会导致工作发生紊乱，造成团队整个执行流程不畅。

第二，一个企业或团队内各个部门要通力合作，各个环节要密切配合，否则缺乏沟通，工作出现脱节现象，也会影响到执行的顺畅性。有些企业忽略了沟通，命令下达到每个部门后，每个部门就根据自己的想法去做事情，各干各的，部门之间不相往来和沟通，有些涉及到两个部门需要合作的地方，也惰于交流，根本不考虑和其他团队交流合作，到最后，生产出的产品和预期想要达到的标准相差遥远。例如，一家企业想要制作冰箱，一个部门负责外壳制作，另一个部门负责零件的选配，两个部门没有协调好，生产出来的冰箱壳的尺寸要么过小要么过大。结果，因为产品不符合标准，装配环节就没有办法进行，给企业带来了巨大的损失。还有生产环节和销售环节脱节，生产产品的员工不懂得市场，做出的产品根本不符合客户的需求，不符合标准。这样销售部门就销不出去产品。销售出现问题，就会影响到产品的生产，结果会导致整个生产停滞下来，这样不仅给企业带来了巨大损失，也会影响到员工个人的薪酬待遇。如果销售人员和生产部门的人进行良好的沟通和交流，生产部门的人就知道哪些错误非常重要不能犯，犯了哪些错误对销售没有影响，那么生产人员就能知道好的产品应该是怎样的。而如果生产部门去主动问销售部门，把自己的疑惑提出来，让销售人员给以解答，那么，整个流程也能顺畅无阻。

第三，一项任务如果出现多个人指挥，也会使执行流程不顺畅。因为每个人的想法都不一样，不同的人有不一样的标准，不一样的预期结果。一项任务由几个人指挥，这个人让那样做，然后下一个指挥者又要命令成员按照另一种方式去做，第三个指挥又要换工作方式，如此下去，这项任务就停滞不前。任务无法执行下去，拖一天，就会给团队造成一天的损耗，非常不利于企业发展。

第四，企业各个员工分工不明确，职责不清。执行任务时相互扯皮，推卸责任，谁都想少做事情，少负责任，这也不利于执行流程的顺畅进行。

第五，在执行过程中，出现利益不公平现象。有的人多做了事情却没有得到应有的回报，那么，就会挫败执行者的积极性，他们在执行任务时就会松懈下来，执行的质量就会欠缺很多。

　　第六，缺乏监督检查机制。一项任务要执行得好，还需要有监管部门的监督。监督部门的有效监督无形中给执行者施加压力，使执行者能按照上级指示，不打折扣地执行下去。如果监督不力，执行者就可能自我松懈，执行任务时就会缩水，执行力度不够，到最后，命令不能执行下去。

优化执行流程

在企业中我们常常会听到这些抱怨：

这不是我们部门的职责，出问题和我们没关系；

这些乱七八糟的事情，怎么他们不管？他们不管，我也不管；

这件事我不知道，没有人告诉过我；

我们一直是这么做的；

很多事情都需要我们全程跟催，不跟催就办不成事情；

本来是他们的职责，常常要我们求他们办事；

为什么我们的交货期总是比竞争对手慢？

……

经济形势好的时候，很多企业处于超负荷运转状态，管理者在业务上忙得不亦乐乎，对于这些流程问题视而不见，既便认识到问题的严重性，也根本无暇顾及。此外，在业务繁忙的时候，大规模的修改或调整流程尤其是业务流程，很容易导致混乱的局面，影响正常业务运转，流程提升与变革存在较大的风险，决策者一般不敢也不会在这个时候对流程进行大手术。

但随着市场环境的变化，很多企业的业务出现停滞或下滑，企业已经不是昔日忙忙碌碌的繁荣景象，经济效益迅速下降。如何才能提高利润，是摆在每个企业面前的问题。有些企业集中力量抓市场，抢占空白市场。但是市场的空白已经越来越少。其实，作为一个优秀的企业应该懂得要内外兼顾，内外兼修。我们不仅要提高市场占有率，同时也要加强企业内部管理，减少成本和资源浪费，实现企业利润的提升。

在内部管理中，企业执行流程不畅造成的资源浪费、效率低下等问题都是关系企业发展的重大问题。因此，优化团队执行流程，构建企业的竞争力非常重要。

怎样优化团队执行流程呢？有以下几种方法可供参考。

1.要制定一个统一的标准

标准是伴随着流程的必不可少的模板，没有了标准，流程的可执行力将会很差。因为同一岗位的人对于一个工作流程有不一样的理解。例如，编辑要编一本书，标题和大纲都已经给了，但是如果不确定内容的语言风格和特色，那么有的人会把它写成一本理论性极强的教材；有的人会把它编写成一本生动诙谐的科普读物；还有的人会把它写成一本小说。但出版社只要求有一种，如果作者不清楚出版社的标准，就很容易做错事情，不得不返工，这大大降低了工作效率，减弱了执行力度。

只有制定详细、明晰的岗位工作标准，才能保证团队流程畅通，团队顺利发展。就拿肯德基来说，为什么全世界肯德基的味道都是一样的？那是因为它们的产品都是严格按照同一个标准生产出来的，如果肯德基也像中国饭店一样用大厨做菜的话，那么肯德基就不会走到今天了。为什么这么说呢？因为每个大厨都有自己做菜的标准，所以，制作出来的菜即使用料一样，口味也有区别。并且即使一个大厨做菜非常好，但是一旦这个大厨不在这个饭店了，那么，他带走了手艺，也带走了顾客。这个饭店以后的生意就可能因为大厨的离去而不再兴隆。作为一个企业也是一样，如果依靠一个人的好技术，使企业的产品得以合格或优秀，那么等到这个人走了后，这个企业就不能长久兴旺，这样对于企业来说是致命的。

如果制定了各个岗位职责标准，而且每个员工都按照这个标准做事，使岗位工作流程化，那么即使某个岗位上的员工离职了，也不会影响到整个企业的发展。这个标准实际上就是工作和管理经验的积累，也是一个公司的技术、管理、文化在人员流动情况下得以维持和发展的基础。它主要包括操作类（如操作指标书）、评估类（如项目可行性评估）、检查类（需求评审检查表）、记录类（如报告、表单）、计划类（如项目计划）、制度和规定类（如公司的规章制度）。流程规定了做什么，而标准规定了怎么去做，两者缺一不可。

2.统一价值取向

现在的企业一般都是按照职能不同划分部门，这样方便以部门进行管理，不过划分部分也导致了部门间缺乏沟通，给跨部门的流程执行造成了困难。

一些部门负责人认为自己部门内部怎么实施流程、怎么进行流程运转是内部事情，与其他部门或公司无关，并认为流程运转到自己部门时自己做好自己的事情，按照自己的理解来执行就行了。一旦出了问题，要么埋怨上游做得不好，要么说下游没有责任心。

总之，自己一点责任都没有。这种想法其实是不可取的，这种想法是只为流程而流程，却没有细究流程的最终目的，没有从整个流程高度把握自己那部分流程工作目的。

各部门的流程执行时目的各不相同，这样就不可能形成跨部门流程工作的统一价值观。

对于客户来说，公司就是一个整体，所以，各部门在处理同一个事件的不同流程阶段时应该保持相同的理念和价值。

3. 流程要以客户为中心

公司希望有更多的客户来购买我们的产品接受我们的服务，以便维持公司的正常运营和发展。如果产品不好或者服务不到位，少有客户光临，那么公司运营就会受到阻碍，就是在砸自己的牌子。所以说，公司所有的流程运转的目的就是为客户服务。

在企业内部中，流程的上游就是下游的客户，下游就该以上游为中心，尽量满意上游的需求。

因为上游是外部客户的代表，代表外部客户的利益，最终也代表了公司的利益所在。因而当我们负责流程运转某个阶段时，要想着怎样让顾客满意，要树立让客户满意的服务意识。

4. 把岗位职责制定得越详细越好

流程中会涉及很多岗位，所以在流程执行过程中，可以根据流程对岗位的要求，进一步把岗位职责具体化，并且考虑到职责的协调和安排问题，以便达到流程的目的。

5. 考虑到流程运转中的突发事件，做好预防措施和解决问题的心理准备

作为领导者在做好防御措施和解决完突发事件后，就应该归纳总结，把这些意外事件的防御措施和解决方法流程化，以便以后使用，这样就会大大提高以后的生产效率。

6. 制定流程监控体系

流程运行起来后，要对流程的运行状况进行监控，尤其是在流程的关键阶段，一定要对其时间、成本、质量、服务等要素进行详细的记录和分析，以便发现问题和解决问题。

公司流程优化和发展要逐步进行，不要指望一夜之间解决所有问题，要知道，一口吃不成胖子，否则会给企业内部造成混乱。

part 6

高效团队的沟通艺术

管理者的最基本能力就是有效沟通。

——英国管理学家L.威尔德

沟通是团队合作成功的关键

美国知名主持人林克莱特一天访问一名小朋友，问他说："你长大后想要当什么呀？"

小朋友天真地回答："嗯……我要当飞机驾驶员！"

林克莱特接着又问："如果有一天，你的飞机飞到太平洋上空时，突然引擎熄火了，你该怎么办？"

小朋友想了想说："我会先告诉坐在飞机上的人绑好安全带，然后我挂上降落伞跳出去。"

当在现场的观众笑得前仰后合的时候，林克莱特继续注视这个孩子，想看看他是不是个自作聪明的家伙。没想到，孩子突然两行热泪夺眶而出。

于是林克莱特问他说："为什么要这么做？"

小孩回答说："我要去拿燃料，我还要回来！"

林克莱特如果在没有问完前就按照自己的想法去判断，那么，他可能认为这个孩子没有责任心。但是，他还是继续问了，他才最终了解到这个孩子是个勇敢而有责任心的孩子。

一个采访中的小小沟通都能给人们造成误解，可想而知，沟通中是容易产生误解的。如果不能很好地沟通，那么就无法了解别人的真正意图，就不可能进行有效的合作。

一天，营长对值班军官说："明晚8点钟左右，可能在这个地区看到哈雷彗星，这颗彗星每隔76年才能看到一次。命令所有的士兵着野战服在操场上集合，我将向他们解释这一罕见的天文现象。如果明晚下雨的话，就在礼堂集合，我将为他们放一部有关彗星的影片。"

值班军官因为当时很困，没有听明白意思，自以为是地按照自己的理解向连长传达说："营长命令，明晚8点，哈雷彗星将会在操场上空出现。如果下雨的话，就让士兵穿着野战服到礼堂前集合，这一罕见的现象将在那里发生。"

连长接着又不假思索地向排长传达说："明晚8点，非凡的哈雷彗星将军将身穿野战服在礼堂出现。如果操场上下雨，营长将会下达另一条命令，这种命令每隔76年才会出现一次。"

排长又对班长说："明晚8点，营长将会带着哈雷彗星在礼堂出现，这是每隔76年才有的事。如果下雨的话，营长将命令彗星穿好野战服到操场上去。"

班长对士兵："在明晚8点下雨的时候，著名的76岁的哈雷将军将在营长的陪同下着野战服，开着他那'彗星'牌汽车，经过操场前往礼堂。"

营长的话传到最后，竟然被改得面目全非，大大改变出了他原来的意思。可见，如果不能理解他人的意思，那么，就可能产生很大的偏差。如果值班军官在不明白的时候能追问一下，那么，就可能避免这种情况的发生。

尤其是当今社会，沟通成为了我们日常生活中一个重要的组成部分，更是一个人一个团队事业成败与否的关键，它起着举足轻重的作用。沟通水平和能力已经成为一个人能力大小的重要考核标准。只有有效地沟通才能促进理解，才能形成良好的人际交往圈，才能达成合作。

有一家主人过生日，他特意在家里摆了个宴席，都是好酒好菜，还特地邀请了4个要好的朋友来喝酒。等到3个朋友都到了，第四个朋友还没有到。这家主人便着急了，脱口说："真是急死人了，该来的怎么还没有来。"这句话被其中的一个朋友听到了，他非常生气，心想，"也许我是不该来的吧？"于是他便推说家中有急事，拂袖而走。这时候主人又冒出了一句话："唉，不该走的却走了。"另一个朋友听到这句话，也生气了："照你这么说，我们是该走的了。"说完就怒气冲冲地走了。这家主人眼看两个人都走了，就只剩下一个朋友了。最后剩下的这个朋友和这家主人交情深，便过来劝他："朋友都被你气走了，你以后说话可要留意一下。"主人无奈地说："他们都误会我了，我说的根本就不是他们。"最后这个人一听这话，也按捺不住了，气得脸色铁青道："说了半天，原来这些话都是说给我听的呀，我怎么还能没羞耻地站在这里呢！对不起，我走了。"说完，就板着脸走了。最后，主人自言自语地说："我到底说错了什么？"

　　这家主人本来是好心请客，无意中说的话，却造成他人误解，伤害了朋友的感情，这都是因为他不会说话导致的。这个故事启发我们：如果沟通不力，那么就会损害人际关系。同样一个团队沟通能力欠缺，也会影响到整个团队和其他团队的合作。只有沟通才能让更多的客户清楚地了解本公司的情况，只有沟通才能赢得客户的信赖，进而赢得商机，只有沟通才能解开彼此心头的疑问，从而实现有效的沟通。

　　英国管理学家L.威尔德认为："管理者的最基本能力就是有效沟通"，领导者是一个团队的形象，担负着和其他公司进行交流谈判的重要职责，所以说，领导者更应该注意学会准确有效的沟通。这样团队的发展与合作才能更好地得到实现。当然，这并不等于团队其他成员就能胡乱调侃，就能为所欲为，每个团队的成员都有义务为了团队的发展，随时站出来和他人进行沟通，推荐自己的公司，推销自己公司的产品。

实现有效沟通的方法

　　沟通存在于团队管理的每个环节。有效的沟通能为组织提供工作的方向、了解内部成员的需要、了解管理效能高低等，它是搞好团队科学管理，实现决策科学化、效能化的重要条件。一个团队如果不能有效沟通，那么就不能协调合作，就不利于团队的发展。但是，真正实现有效沟通却并不是一件容易的事情，每个人的想法不同，不同人的价值观不同，以及身处环境不同，这些因素可能影响到有效沟通。例如，一个业绩好的销售员为了保住自己的领先地位，就不可能全盘说出自己认为很有效的工作方法；一个员工可能因为害怕惹祸上身，而不愿说出一些事情的真相；一些经理人为了保住自己的位置，可能不会对上级的一些失误提出任何异议。

　　耕柱是一代宗师墨子的得意门生，但他老是挨墨子的责骂。有一次，墨子又责备了耕柱，耕柱觉得自己非常委屈，在许多门生之中，大家都公认耕柱是最优秀的，却偏偏常遭到墨子的指责，这让他很没面子。一天，耕柱终于忍无可忍，便愤愤不平地问墨子："老师，难道在这么多学生当中，我竟是差劲到如此地步，以至于要时常遭到您老人家的责骂吗？"墨子听后，不动声色地说："假设我现在要上太行山，依你看，我应该是用良马来拉车，还是用老牛来拖车？"耕柱回答说："再笨的人也知道要用良马拉车。"墨子又问："那么，为什么不用老牛呢？"耕柱答道："因为良马足以担负重任，值得驱遣。"墨子说："你答得一点也没错，我之所以时常责骂你，也只因为你能够担负重任，值得我一再地教导和匡正啊。"

　　由这个故事我们可以看到有效沟通的重要性。试想一下，如果耕柱没有和墨子进行有效沟通，那么，耕柱一直以为墨子这样做是有意为难他。那么，他就可能做出违背老师意思的事情，或者不利于团队的事情，还可能产生让人不堪设想的后果。正是因为耕柱没有按照自己的想法自以为是，能和老师敞开心扉，畅所欲言，把心中的谜团倾诉给老师，才使得他最终明白了老师的良苦用心，没有造成误解。这也告诉我们有效沟通能够使我们揭开事实真相，消除误解。不仅如此，有效沟通还有快速达到沟通目的，让他人迅速了解沟通内容的作用。

那么，团队中又应该怎样进行有效沟通呢？

首先，应该明确沟通目标。对于团队领导来说，目标管理是进行有效沟通的一种解决办法。在目标管理中，团队领导和团队成员讨论目标、计划、对象、问题和解决方案，因为整个团队都着眼于完成目标，这就使沟通有了一个共同的基础，彼此能够更好地了解对方。即便团队领导不能够接受下级成员的意见，但他也能理解其观点，下级对上司的要求也会有进一步的了解，沟通的结果自然能够得到改善。如果绩效评估也采用类似这种办法的话，同样也能改善沟通。

其次，在团队中，作为一个领导者，应善于利用各种机会进行沟通，甚至创造出更多的沟通途径。与成员充分交流并不是一件难事，难的是创造一种让团队成员在需要时可以无话不谈的环境。

对于个体成员来说，要进行有效沟通，可以从以下几个方面着手：

第一，知道沟通时要说什么，换句话说就是要明确沟通的目的。如果连沟通的目的都不明确，就说明你自己并不知道该说什么，又怎么能把话传递给别人听呢？这样，自然也就不能达到沟通的目的了。

第二，知道自己该什么时候说。沟通不仅要知道自己该说什么，还要掌握好沟通的时间，知道在什么时候沟通更容易成功，什么时候沟通效果适得其反。例如，沟通对象正大汗淋漓地忙于工作时，你在旁边不断地和他商量一些事情该怎么做，那么，显然会招来沟通对象的反感，说得有些不合时宜，结果也不会好到哪里去。如果沟通对象心情非常好，正在和大家侃侃而谈，这时候你要称赞他几句，然后适时地谈一下自己的一些要求。那么很可能你的要求会顺利得到沟通对象的应允。所以说要想很好地达到沟通效果，就必须掌握好沟通的时间，把握好沟通的火候。

第三，必须了解说话对象。俗话说："对什么样的人，说什么样的话。"针对不同的沟通对象，说话的方式方法都会有所不同。例如，一个喜欢听赞美的沟通对象，我们可以顺气说好，多多赞美他，他一高兴，我们就可能顺利达到沟通目的。如果沟通对象是一个很务实的人，那么我们就要给他分析利弊，让他知道这样做的好处，然后才能达到沟通的效果；拍他马屁，说奉承话，反倒只会招来他的反感和不信任，起到相反的效果。

第四，要选对沟通对象。如果你想要涨工资，那么，你就要找负责涨工资的老总，而不是副总。否则，你和副总沟通半天，他也不能决定你工资是否能涨，还要去向老总申请，只有找准沟通对象才能使沟通迅速见成效。

第五，知道该怎么沟通，也就是懂得沟通技巧。你知道应该向谁说、说什么，也知道该什么时候说，但你不知道怎么说，仍然难以达到沟通的效果。沟通要用对方听得懂的语言、文字、语调或肢体语言等等，而你要学的就是透过对这些沟通语言的观察来有效地使用它们进行沟通。

有效的沟通才能顺利实现沟通目的，才能建立良好畅通的沟通渠道。这样，整个团队才能顺畅地向前发展。

倾听是沟通的桥梁

有人说："沟通就是，我说的便是我所想的，怎么想便怎么说。如果团队同伴不喜欢，也没办法！"从目的上讲，沟通是磋商的意思，即队员们必须交换和适应相互的思维模式，直到每个人都能对所讨论的意见有一个共同的认识。只有大家对讨论内容有了共同的认识，才是进行了有效的沟通。在团队中，团队成员越多样化，就越会有差异，也就越需要队员进行有效的沟通。沟通无时不在，怎样使自己的沟通更高效，关键在于学会倾听。倾听是有效沟通的桥梁，倾听不等于简单的听到，而是要做到有效地听取信息，给予倾诉者及时的反馈信息和极大的关怀。

对美国500家大公司进行的一项调查表明，超过50%的公司为员工提供了听力培训。有研究表明：那些很好的倾听者更为成功。在工作中，倾听已被看作是获得初始职位、管理能力、工作成功、事业有成、工作出色的重要必备技能之一。

以前美国乡间，有许多地方不愿意使用电器。有一家电器公司想在农村拓展业务，就派了一位代表到乡下去考察，以便借机推销。那位代表到了乡下后，先去询问当地经销处的经理。经理说："乡下农民不是不愿意买电器，只是因为他们生性俭朴，甚至可以说是一毛不拔，不愿意把钱都花在购买昂贵电器上，并且农民们对我们公司的产品并不是很满意。我已经尝试过了，一点希望也没有。"这位代表听后，觉得在这种情况下推销电器的确是不合时宜，但是他还是决定先去看一看。

有一天，他来到一家农户的门前，敲了敲门，门打开一条缝，一位农妇探出头来。那位妇女一见推销电器的人，便显露出非常令人讨厌的神情，并把门紧紧地关上。他没有放弃，又敲了敲门，那位农妇不得已便打开了一条缝，一股脑地说出她对公司的不满。

他一看情形不对，就心生一计，装着很客气的样子，对那位妇女说："对不起，我打扰了你。我不是推销电器的，我只是想买你家的一些鸡蛋。"妇女听他这么说，就半信半疑地把门打开了一半。他就接着说："我看你们家养的多明尼克鸡又肥又大，我想生出的鸡蛋一定很好吃。""你怎么知道我家的鸡是多明尼克鸡？"那位农妇的好奇心被吊起来了，她又把门打开了一些。"我自己也养鸡，但是不如你们家养得好。"那位妇女听到这里，给了他一个美丽的微笑，然后打开大门问他："那你为什么要买我们家的鸡蛋呢？"他便装作很内行的样子说："白鸡生白蛋，黄鸡生黄蛋，做蛋糕是用黄蛋做的好吃。我妻子很喜欢吃蛋糕，自己又没有黄蛋，所以特地来向你买。"这位妇女听得津津有味，便热情地迎接他进去。

他走进院子里，看见牛栏里养着几只奶牛，便又称赞道："我想你养的鸡下这么好的蛋，一定比你丈夫卖牛奶挣的钱多吧？"这时，那位妇女很热情地告诉他许多养鸡的方法，并且主动领他去参观她的鸡棚。他们交谈了很长时间，那位农妇越说越起劲。临走的时候，那位妇女忽然主动告诉他："我们的邻居也养鸡，但他们的生意比我们的好，听说他们家鸡棚中装了电灯，这大概和他们的生意好有关。现在我们也想装，你看怎么样？"他知道时机已经成熟，便竭力劝说她家也装了电灯。

这位代表懂得察言观色，能够从妇女的言谈中倾听出内容，然后随机应变给以有效的回应，使在你来我往中达到有效沟通目的，从而销售出了自己的产品。

仔细观察，我们往往会发现这样一个现象：在善听者和善说者之间选择，人们更喜欢善听者，因为人们都喜欢发表自己的意见，希望自己的意见能得到他人的认可。所以，一旦有机会表达，他们就会尽情地把想说的话都说出来。如果你在此时能静静地听他们说，不失时机地点点头，或者说上几句鼓励的话或者问一些问题，那么他们会觉得自己的想法很有价值，这时候他们会充分表达自己的想法，从而达到有效沟通。做个倾听者还能给对方留下和蔼可亲、值得信赖的良好印象。反之，一个不善于倾听的人，总是留给人主观武断的印象。例如，在现实生活中，有的领导干部，无论在什么场合，总喜欢自己侃侃而谈，从来不在乎别人的感受；也有些领导，下属汇报工作时，刚开了个头就截断人家的话茬，即使是去征求意见，也常常打断人家的话头。还有的人做思想工作，没等人家说明原因，便匆忙截住，开始给大家讲道理。这样会使大家感觉很憋闷，不舒服。这样的领导长期不注意这种不良的习惯，会慢慢变得没有人缘，下边的员工也不愿意向他说心里话，便再也听不到真实的情况。

一把坚实的大锁挂在大门上，一根铁杆费了九牛二虎之力，还是无法将它撬开。钥匙来了，它瘦小的身子钻进锁孔，只轻轻一转，大锁就"啪"地一声打开了。大铁杆很是纳闷，便问钥匙："钥匙，你怎么能打开这么大的锁呢？""因为我了解它的心。"钥匙说。

钥匙了解大锁的心，所以，它能轻而易举地把大锁打开。这也启发我们在沟通的时候一定要多倾听，了解对方是怎么想的，然后告诉他，他该怎么办。否则人就像是这个大铁杆一样，不了解铁锁的心，不论怎么做，都打不开那道心门。

请对我直说

想办法让员工把看法说出来。

员工们常常会有一些上级不会有的见解，对于工作怎样完成，要同谁打交道，自己拿到手要处理的工作会产生什么问题，员工们心里非常清楚。如果忽视他们的见解甚至对这些见解不屑一顾，你就失去了能使组织运做得更好的宝贵信息。忽视员工的想法，这样的做法一旦固化，下属们就不会再提任何建议。

要想成为有效的领导者就必须和大家沟通，明确表示你愿意随时听取他们的意见。

首先，要让人们敞开心扉，告诉你他们对你作为领导是怎么看的。对每一种观点都要加以考虑，并予以认真评述。但不要和他们争论或者试图纠正他们的看法，你应该感谢他们，并从他们的角度来理解这些意见，作为正确的意见接受下来。你要下决心聆听和考虑他们的意见，创造一种多听他人意见的气氛，这样才能对自己的行为做出明智决定。通过征求并接受反面意见，可以了解下属对你有什么期望，而不必去揣摩他们有什么想法。

好的征求反馈的方法有助于做好这件事。避免使用疏远别人或令人感到是在受责备的言辞。比如可以这样说："我一直在考虑自己的领导作风。我知道大家觉得我……"后面再补上具体内容。

这句话向听者表明：你知道自己做的某些事不受人欢迎，也表示你对此是负责的。另外，由于你愿意与对方谈论一些个人的事情，听者还会因此而感到自己受到重视。这是使别人站到你这一边的关键一步。他们会帮你实现你所希望的变化。不要讲："我听说，你说我……"这听起来有指责的味道。不要牵涉到对方，只谈自己。

其次，要让对方告诉你，你做的哪件事让别人对你有那种看法。可以这样问："据你观察，我的什么做法让别人对我有这种看法？"

这样问就表明：你知道自己做的某些事情使大家产生了看法，你不知道是哪些事，而对方知道，对方可以跟你说。这时应该明确表示你并不希望自己像别人所说的那样，并且说明你打算改变这种情况。可以这么说："你知道，我不希望别人这样看我，我希望能改变你的看法。"你没承认也没有否认别人的看法，也没有责备谁错了。你只是说不希望别人用目前的这种看法看待自己，而且希望有所改变。仅仅是这种做法，就可以使别人对你有新认识。

最后，征求下属的建议。问他们希望你怎么做。不要问只用"是"或"不是"就能回答的问题。如果问那样的问题，为了避免可能出现的不快，别人很可能随口附和你，但他们对你的看法却不会有所变化。

如果你让别人有机会告诉你，他们如何看待你和你的所作所为，反过来他们也会给你提供一些信息，帮你更有效地领导他们，更好地与他们共事。最终，他们对你的看法也会改变。要表明自己的诚意，就要用毫无威胁感的方式不断征求反面意见，要明确、不断地向员工们说明。因为，员工通常不愿表示出与上司相左的意见。你欢迎不同的看法，而且会认真对待这些意见还需要你用行动来证明你的诚意。

有时，你是有独到见解的人，因为你更清楚怎样做才能使某项工作符合公司的整体目标；或者，因为你知道改革正在酝酿中，还没有公布，因为你与工作流程中相关的其他部门的人员更为熟悉。但即使在这样的条件下，不征求反对意见，虽然不见得是糟糕的管理方式，但也不会是一种好的管理方式。

如果相信上级能够倾听并考虑自己的想法，员工们会更加服从指挥，更加拥护你的决策。如果不鼓励员工进行思考，他们就不愿意开动脑筋，他们会一字一句地按上级旨意办事，直到更高层管理人员发现这样做事行不通为止。

要重视员工会议

员工会议是公司内部员工互相交流的一个场所。事实上，员工很少能有机会在其他场合进行交流。成功的员工会议可以增强交流和认同，解决员工在人际关系上所出现的问题。

必须重视员工会议在公司内部沟通中的作用。成功的员工会议包括三个主要的部分：由下属在会议上汇报其最近的工作状况；鼓励员工提出建设性意见，制定合理的行动计划；讨论你所在部门在过去一段时间内，有没有好的做法增进公司的整体业绩。

一般来说，员工在人际关系上出现问题，有两种原因：要么是缺乏交流，要么是缺乏认同。

如果处理得当的话，这两类问题均可以通过员工会议加以解决。会上，你可以同下属即时进行交流，可以当着众人的面认可他们的成绩。这样做并不仅仅意味着让你充当拉拉队队长的角色，更大的动机在于，员工们必须承担起责任来进行自我推动。而作为经理所肩负的职责，就是创造一个可促使下属自我推动的环境，计划周密的每周员工例会将是一个很好的沟通场所，有助于增强员工认同彼此出色的工作。

成功的员工例会所应该有的第一个部分，就是每个下属都要让到会的每个人知道他最近的工作情况。尤其要问到的是："过去的一周里完成了什么工作，以及所遇到的挑战是什么？"举个例子：一个负责人事招聘的员工可能会提到，这一周通过他们的努力填补了公司的多少个职位空缺，又有哪些职位空缺，是因为某位经理的决定拖延或中介公司提供的人选不适合，而没有得到预期填补。

让每个人谈论自己的境况能让所有的职员了解其他人在做什么。一方面，很多时候，职员们并不清楚别人在干什么，这样很容易想当然地认为自己在做所有的工作。而一旦他们听到其他人也在做工作时，才会更正确评价同事的贡献。另一方面，员工可能并不了解自己的工作对其他人的影响。这样，员工之间容易产生抱怨，由于缺乏交流，而无法及时解决。

常规例会让每个人有可能最大限度地了解周围的最新动态。但是，关键在于首先要允许和鼓励下属们分享信息。这种会议不是"从上向下"传达指示，而是"从下向上"反馈情况，收集信息，并让大家彼此了解和尊重各自在工作中所作出的贡献。

员工例会的第二个部分，是要在做决定的过程中引入建设性的意见。尤其要问道："针对现有状况，我们要怎样做来彻底改造所在部门的工作流程？"通常的结果是最好的想法往往来自那些看上去是冷眼旁观的人。

很多另谋高就的职员在原公司的人力资源部门提及离职的原因时，理由很多是因为没人在意及理会他们的想法，对此，他们倍感失望。如此一来，每天的工作只是机械地重复着早晨上班，晚上下班，使他们的积极性和创造力受到极大的抑制。其实，我们只需简单地征求他们的建议，就能满足他们最基本的心理需求，并产生截然不同的积极效果。何乐而不为呢？

在会议上，员工提出的问题，可能已超出了你力所能及的范围。但你的目的是帮助员工们去关注在现有资源下能做些什么。首先，你应该将建议的所有权赋予提出建议的人，从而真正地鼓励员工着眼于现有的做事方法。接着，你要制定一个很小的、容易执行且适合一周工作量的行动计划，并征求自愿者担当该项计划的先头兵。如此授权不仅给予了员工提出更好建议的充分自由，也树立了你自身的权威，使得修正后的方法上打上了你个人的烙印。

员工例会的第三个部分，是你的部门在过去一段时间里，比如1周或1个月中，有没有更好的做法增进公司的整体业绩。这有利于增强员工的团体意识以及使员工能意识到自己对整个公司的意义。招募员工是为了给公司增加收入、减少费用及节省时间，凡是涉及这三方面中的任何一个今后有可能影响到公司发展的问题，都应该在员工例会上进行讨论、研究甚至一再提及。"我们可以采取什么不同的做法？"这一想法与开始的问题是自然相对应的，因为它反映出特定的时期整个部门的工作将如何进展。它也同样令大家有机会进行案例分析，从而使类似的情形在以后得到更有效的解决。

　　每周的例会究竟要达到什么目的？这也是检验员工例会是否有成效的标准之一。首先，当你鼓励员工之间彼此交流、认同及信任时，就意味将强化整个公司的企业文化。因为当一个人脑子里缺乏周围的信息，脑子形成一种真空时，这部分空间会充斥着胡思乱想，而通过员工例会能增强了解及认同，使无中生有的猜测减少，这样会使每个人活得更轻松些。其次，当你的下属们与你及他们相互之间有更多的面对面的机会时，同事间的友谊将会最终得到发展。

　　这样非经常性地检验员工的表现，无论对个人还是整个团队来说都是受益匪浅的。这些问题会激发大家讨论一些更深入的，关于本部门所扮演的角色与整个公司其他部门之间关系的话题。

　　总之，也许你还会有其他的方法来促进员工之间的交流。但无疑，员工会议是一个最有效、成本最低的方法。事实上，成功的员工会议能解决公司员工内部交流的60%的问题。

不向员工隐瞒坏消息

在危机管理中，最关键在于让员工知道真相。

如果员工在第一时间了解到企业重大事件的真相，他们在危急时刻就会挺身而出，帮助企业渡过难关。

很多公司高层对其员工重视不够。他们理所当然地认为，员工已了解企业实况，应该对企业忠心耿耿，为公司赴汤蹈火。但遗憾的是，多数情况并非如此。

员工是最复杂，最敏感的群体。员工们坚信，通过自己的辛勤工作和对企业的耿耿忠心，他们有权了解企业的最新信息。长期工作培养出员工强烈的主人翁意识，因此，他们相信自己应成为公司决策的重要组成部分。

特别是当企业发生危机时，很多公司管理层出于逃避责任的目的，遮遮掩掩，不愿意让员工知道事实的真相。但事实上，管理层越是这样，情况会变得越坏。

暴雨滂沱，洪水泛滥。汹涌的湖水迅速逼近一家坐落于湖边拥有50名员工的广告公司。疏散工作势在必行。

工作可能因为暴雨而被推迟，但客户的工期逼得正紧，丝毫不能耽误。在这危急关头，公司十分需要员工的支持和配合。作为管理者应该向员工解释公司现在面临的困难，以求得员工的支持。于是，管理层决定让部分在一楼工作的员工搬至二或三楼继续工作，其他员工需要到45分钟行程之外的临时场所办公。

为保证按时完成任务，执行董事发了一纸态度强硬的通知，命令每个人坚守岗位。通知写道："鉴于工期紧张，大家必须坚守岗位，无一例外。"

大出意料的是，当天就有5人称病早退。第二天，50名员工只来了15位，剩下的要么打电话请病假，要么干脆不露面，使那位执行董事大为恼火。

人算不如天算，你总有需要员工帮助的危急时候，而那正是员工报复的时机。为了避免这一天的真正降临，从现在开始就要做好员工感情工作。如果案例中的那位公司执行董事了解危机管理三原则的话，结局会大不相同的。

原则一：主动求助。危机来临时，要积极向员工求助，而不是想当然认为他们会主动出手。设身处地地想想，如果在帮助别人之后，对方不是感激你，而是觉得理所当然，久而久之你也会产生反感，拒绝帮忙。主动向员工求助，坦率说明他们的帮助对你有多重要，并及时地对他们的贡献表达谢意。

原则二：不要过河拆桥。"雨过天晴"，一切恢复正常之后，别忘了举办个感谢会，向在困境中支持过公司的员工表达谢意。毕竟很多时候，员工可能在公司最需要他们的时候离去。

原则三：选择沟通的最佳方式。如果那位执行董事换一种方式，使用员工例会或小范围的会议，那么员工可能会更配合些。他还可以郑重地向员工说明，在当前困难时期他们的努力和支持对于公司有多么重要。

在危机管理中，最关键在于让员工知道真相。这样，你才能取得员工的信任，共渡难关。举个例子，由于产品质量问题，公司面临巨额诉讼。作为管理者，你应该向员工隐瞒事情的真相，还是向他们公开这一切？你也许会认为为了稳定人心，最好还是先不要告诉员工为妙。事实上，你大错特错。这是学鸵鸟把头埋在沙子里以为安全了的愚蠢做法。如果员工从其他途径了解真相，他们的第一反应是什么——我们被欺骗了。相反如果管理层能诚实地向员工说明公司面临的困境和员工进行充分交流，取得他们的支持，那局面就不一样了。

汇报工作，及时有效

你有没有遇到过这种情况：当你数年如一日，全力以赴地投入工作，结果却突然发现，尽管自己累得半死，也做出了很多成绩，但别人好像熟视无睹，尤其是老板，似乎从未当面夸奖过你。这时，你可能会怨天尤人，牢骚满腹。但你一定要懂得，这不完全是老板的过错，试想，公司上上下下，里里外外，有多少人、多少事需要老板操心过问，你的"被忽略"，也是情有可原的。如果你不主动向老板汇报你的成果，你纵然做出了优异的成绩，也较难得到老板的重视。因为老板的工作千头万绪，一般不会平白无故地对某一项工作发生兴趣或给予更多的关注。况且，越是在优秀的团队里，你的那点成绩就越容易被湮没掉。这样，你就更难脱颖而出了。

有些员工把向上司汇报工作看作是一件无足轻重的事情，甚至错误地把汇报工作与阿谀奉承联系起来。他们认为只要出色地完成上司交代的任务，就问心无愧了，自己的努力和工作成果上司自然会看在眼里，记在心里，并且会作出公正的判断。但实际上，他们往往得不到上司应有的重视，常与加薪和晋升的机会失之交臂。

很多时候，做领导的总是为不知道员工在做些什么而烦恼。所以，你一定要主动向领导汇报你的工作成果，如果你完成的是一件特别棘手的任务，更应该及时向领导汇报，让领导在分享喜悦的同时，了解你的工作能力和聪明才智，给领导留下深刻的印象。

经常性地向领导汇报工作，既可展现你的勤劳和能力，还能及时求得领导的指教，不断修正自己努力的方向，减少失误。有一个叫小宙的小伙子，是一家酒店的销售员，颇得上司的赏识。他能得到上司的青睐，一方面是因为业绩突出，还有另一方面的原因就是小宙每做完一笔单子，都会以书面的形式总结出这项业务成功与失败的原因，并及时向上司汇报。上司对此非常满意，尽管有些单子完成得不是很出色，但从来没有责备过他；相反，还会给他提出一些建议。向上司汇报自己的工作总结，既能显示出你对上司的尊重，也容易让上司看出你的进步，哪怕只是很小的进步。有些员工喜欢独立完成工作，在执行的过程中几乎不跟领导沟通，结果常与领导的意图发生偏差，甚至造成严重失误，要么被公司解雇，要么戴罪立功，赔偿损失。在日常工作中，要养成经常与领导进行沟通交流的习惯，及时向领导汇报工作，有问题要马上同领导商量对策，并将工作报告写得详实清楚，切忌敷衍了事。

失之毫厘，谬以千里。一个微小的误差就可能导致工作上的巨大失误。如果下属不及时汇报，领导就不能作出正确的判断，也不能作出正确的指示。相反，如果能够得到及时汇报，领导就可以随时了解工作的进度，从而抓住工作的重点和问题所在，及时作出相应的调整。因此，对员工来阱，主动汇报工作不仅是一项应尽的义务，更是完善工作进度促进企业发展的润滑剂。

在一个企业里，除了老板之外，所有人都是下属。不管你足高级管理者还是普通职员，作为下属，要养成主动汇报工作进度的习惯，让老板了解你为企业所付出的一切。汇报工作是下属的义务，也是下属的日常工作。许多员工正是在汇报工作中脱颖而出，从而获得领导的赏识与重用的。在现代职场中，就有一些人低估了请示与汇报的重要性，在该汇报的时候不汇报，在不该说话的时候随便说话，不该做主的时候随意做主，从而给领导留下了极坏的印象，也让自己付出了不守"规矩"的代价。

某内衣生产公司的方先生，想做一个内衣广告，便打电话给上海的一家广告公司的李经理，那天李经理恰好不在，是办公室新职员佳汝小姐接的。"麻烦你转告李经理，我这里需要设计一个内衣广告。"佳汝小姐想也没多想，就爽快地说："这个啊，没问题！你派人过来和我们洽谈一些具体操作事宜就可以了。"

方先生刚要动身来上海时，就接到上海广告公司李经理的电话："对不起！方先生，您来电话的时候我不在，您是要做内衣广告吗？我们将派人到您那里去，将您的具体要求带回来，不用劳烦您过来了。"停了一下，李经理又说，对不起啊，我想知道是哪位小姐说叫您派人来我公司的。"方先生愣了一下，问道："有问题吗？"李经理说："当然没有问题，我只是想知道，到底是谁自作主张。"尽管方先生没有告诉李经理那位接电话的小姐是谁，据说李经理还是查出来了，并对佳汝小姐作了严肃的处分。

这个故事表面看来，是一个对自己的工作权限认识不清楚，自作主张的问题，但实质上它是一个典型的关于汇报问题的案例。从效果上来说佳汝小姐的安排与广告公司李经理的安排并不会造成多大的不同，她的问题顶多也就是处理方式不符合企业的习惯而已。企业期望佳汝向自己的上司汇报情况后，再由上司决定具体的处理方式，由于佳汝没有养成汇报的习惯，她为此而付出了代价。

当你完成了一件很棘手的任务时，首先必须得先向你的领导汇报，让他知道你有一个好脑袋和快刀斩乱麻的能力。

千万牢记，不要等出了纰漏才想到去找领导。领导都喜欢能干的下属。如果你一贯精明干练，即使万一惹了麻烦，领导也能够宽大为怀，予以谅解。最怕的是，你每次报告领导的都是"败走麦城"的坏消息。这样，你在领导心目中的印象一定很糟糕。

向领导"捷报频传"要注意以下几点：

（1）开门见山，先说结论。不要把时间和精力用来描述你做的事，而首先直接把结果告诉他。领导都很忙，你要用有限的时间，报告领导最关心的事。

（2）如果时间允许，再进一步详细说明过程。报告内容尽可能简明扼要，并且记住先感谢别人，再提自己的功劳。

（3）书面报告。如果是书面报告，一定要署上自己的名字，不要洋洋洒洒、下笔千言却忘了加上自己的名字，或者把直属主管、领导的名字统统写上去，却唯独漏了自己的，那岂不是"功亏一篑"。

（4）不求讨赏，只求好印象。报告完了，切勿立刻求赏，只要给领导留下好印象即可。否则，领导可能会觉得你太急功近利。只要你一次次赢得领导的肯定，天长日久，功到自然成，加薪晋级总会有你的机会。

（5）分享好消息。除了报告给你的领导，最好同时把好消息告诉你的同事、部属，让他们分享，既落下了好人缘，又制造了"舆论"，让别人觉察到你的"闪光点"。

做完蛋糕，要想到挤花，有了美丽的奶油花朵，蛋糕就自然赢得了人们的青睐。随时不忘报告领导，就是在自己的蛋糕上挤花，让领导为你喝彩。

下属向领导汇报工作时的注意事项：

（1）及时汇报不好的消息。对不好的消息，要在事前主动报告。越早汇报越有价值，这样领导可以及早采取应对策略以减少损失。如果延误了时机，就可能铸成无法挽回的大错。报喜不报忧，这是多数人的通病，特别是失败是由自己造成的情况下。实际上，碰到这种情况，就更加不能隐瞒，隐瞒只会造成更加严重的后果。

（2）要在事前主动报告。有的员工做事总是很被动，一般是在领导问起相关事情的时候才会提出报告。殊知，当上级主动问到这件事时，很可能是因为事情出了问题，否则上级是不会注意到的。下属应遵循这样一个原则：尽量在上级提出疑问之前主动汇报，即使是要很长时间才能完成的工作，也应该有情况就报告。以便领导了解工作是否认是按计划进行；如果不是，还要作出什么调整。这样，在工作不能按原计划达到目标的情况下，应尽早使领导知道事情的详细经过，就不至于被责问了。

（3）全权委托的事也要报告。在领导已经把事情全权委托给你办的情况下，不仅要和领导仔细讨论各种问题，请示相关情况，而且还要及时汇报各种相关事宜。一般情况下，领导把稍微有些难度的工作交给下属去办，是训练年轻员工最有效的办法。领导在作出各种布置后，一般会在一旁详细观察，在这种情况下，员工最好把事情的前因后果详细地向领导汇报。

（4）汇报工作时要先说结果，再次说经过，书面报告也要遵循这一原则。这样，汇报时就可以简明扼要，节省时间。

（5）汇报工作要严谨。在工作报告中，不仅要谈自己的想法和推测，还必须说正确无误的事实。如果报告时态度不严谨，在谈到相关事实时总是以一些模糊的话语，如"可能是""应该会"等来描述或推测的话，就会误导领导，不利于领导作出正确的决策。所以在表明自己意见的时候，最好明确地说"这是我的个人观点"，以便给领导留下思考空间，这样对己对领导都会大有裨益。

（6）忌揽功推过。下属向上级汇报工作，无论是报喜，还是报忧，其中最大的忌讳是揽功推过。所谓揽功，即是把工作成绩中不属于自己的内容往自己的功劳簿上记。不少人想不开其中的道理，他们在向领导汇报工作成绩时，往往有意夸大自己的作用和贡献，以为用这种做法就可以讨得领导的欢心与信任。实际上多数领导都是相当聪明的人，他们并不会因为你喜欢揽功，就把功劳记到你的账上去的。即便一时没有识破你的真相，他们也多半会凭直觉感到你靠不住。因为人们对言过其实的人，多是比较敏感的。

所谓推过，就是把工作中因自己的主观原因造成的过错和应负的责任，故意向别人身上推，以开脱自己。它给人的印象是文过饰非，不诚实。趋利避害是人的天性。揽功推过却是人的劣根性。不揽功，不推过，是喜说喜，是忧报忧，是一种高尚的人品和良好的职业道德的体现。采取这种态度和做法的人，可能会在眼前利益上遭受某些损失，但是从长远看，必定能够站稳脚跟，并获得发展的机会。

（7）恭请领导评点。当你向领导汇报完工作之后，不可以马上一走了事。聪明人的做法是：主动恭请领导对自己的工作总结予以评点。这也是对领导的一种尊重和对他比你站得高、看得远、见识多的能力的肯定。

通常而论，领导对于下属的工作总结，大多都会有一个评断，不同的是有一些评断他可能公开讲出来，而有一些评断他则可能保留在心里。事实上那些保留在心里的评断，有时却是最重要的评断，对此，你决不可大意。反之，你应该以真诚的态度去征求领导的意见，让领导把心里话讲出来。对于领导诚恳的评点，即便是逆耳之言，你均应以认真的精神、负责的态度去细心反思。只有那些能够虚心接受领导评点的员工和下属，才能够被领导委以重任。

汇报也具有时效性，及时的汇报才能发挥出最大的效力。当你完成了一件棘手的任务，或者解决了一个疑难问题的关键，这时马上找上司汇报效果最好，拖延时间再向上司汇报，上司可能已经失去对这件事情的兴趣，你的汇报也有画蛇添足之嫌。及时向上司汇报，还会使你与上司建立良好的互信关系，上司会自动对你的工作进行指导，帮助你尽善尽美地完成工作。

part 7

高效团队的业绩评价方法

你检查什么，你就会得到什么。

——IBM前总裁郭士纳

运用"同一立场"的思维方式

"同一立场"的思维方式能使你用积极的心态看待员工所做出的业绩。业绩评估包括确定目标、鉴定取得的成果和制定业绩评估标准。这些标准应该对每位员工的职责评价都是适用的。应该注重以下三个方面：

（1）评估员工的工作表现，而不是进行人身攻击，也就是对事不对人。

（2）评估要有效、具体，而不是泛泛而谈或夹杂着主观情绪。

（3）与员工就他怎样改进工作和你应该做些什么达成一致意见。

在进行业绩评估时，你应该向员工表明，评估是针对员工具体的行为或业绩，而不是针对个人。这是建立"同一立场"思维方式的关键。只有这样，你才有可能和你的员工共同探讨怎样解决工作中的问题。

举个例子：

上司："你总是迟到。你们部门的一些人认为你很懒。"

员工："我不懒。如果你这样认为，那么你根本不了解我。"

由于主管的话语中流露出"这个员工懒惰"，因此马上就产生了个人品性、感情和争辩等一系列问题。这样的反馈会刺伤员工的感情，以致员工忽略了绩效的问题。更有甚者，管理者也许会忍不住责骂员工"粗鲁迟钝"，这非常接近人身攻击。其实，在上面的例子中说员工总是迟到是很不具体的。具体化，最好是用数据或书面材料说明，事实才不会被感情所代替。事实最具说服力，感情却会促使员工为自己的过失进行辩解，指责他人并继续其不良表现。所以，如果要把迟到作为员工实际的工作表现，就必须将其进行量化。比方说：到今天为止，15天里你总共迟到了5次。

如果上司能以"同一立场"的思维去对待员工，那么情况可以变好。在业绩评估时要与员工进行有效的沟通，建立"同一立场"的思维方式很重要。如果运用得当，你就可以取得以下优势。

　　上司："你要注意，上班要准时。一些客户在上午8：00打电话找你，你却不在办公室。"

　　员工："你说得对。只有依靠他们，我才能有现在的业绩，也许这就是原因所在吧。"

　　上司："有什么需要我帮忙的吗？"

　　你不得不对员工的工作做出评估时，你还会认识到，员工的工作业绩不理想可能是管理不当的结果。你会特别注重自己该做些什么和说些什么。一旦意识到自己的职责所在，你就会采取措施加强你和员工之间的联系，使其在平等的基础上发挥最大的效用。

　　你能对员工的工作表现提出自己的意见，从而让他们意识到要成为公司优秀的一员应具备什么条件。对于员工良好的工作表现，你应及时加以肯定并予以鼓励。你还可以提出你对员工的更高期望值，激励员工付出更多的努力。

　　你部门的发展必须体现出全体部门员工的利益、能力和追求。只有用"同一立场"的思维来看待周密安排的业绩评估，你和员工才能共同制定一致的目标。

　　"同一立场"的思维方式能使你用积极的心态去看待员工们在过去做出的业绩。同时，作为员工的良师益友，从解决问题的角度，指出员工存在的不足并帮助他们改进自己的工作。

　　这样一来，你就掌握了另一种帮助员工解决问题的工具，这是你最重要的工具之一——取得成效的工具！

　　因此，通过对员工进行业绩评估，你和你的公司就能获得有用的反馈意见，帮助你们优化人力资源。通过评估，你可以和员工共同制定新的目标，并重新组织员工来取得最大的成效。

与员工面对面地进行业绩评估

了解员工的想法，进而达到相互理解，这样做是至关重要的。坐下来与员工面对面地进行业绩评估，与员工进行充分的沟通和交流，是业绩评估成败的关键。如果你认为，评估是管理者的职责，而与员工没有关系，那你就大错特错了。评估应该是在管理者与员工在双方都认可的某个业绩评判标准下进行的一种互动性的活动。从这个意义上来说，与员工面对面地评价他们的业绩及今后的行动，是每个管理者都应该采取的一种无可争议的方式。

和员工面谈之前，你应该有充分的准备，如果你对所谈的问题和你自己的情绪没有绝对的把握的话，你千万别急着开场。与员工见面之前先把下面这些问题考虑好：你认为可以接受的最起码的行动是什么？有没有其他的解决办法？你希望对方何时得到改进？

面谈时应尽量避免分心和被别人打扰。把办公桌上和脑子里一切与评估无关的东西通通清理掉，挂断电话，关上房门。让员工感觉到，你十分重视这次面谈。确信自己已阅读了所有必要的资料并备好待用。

谈话开始时你可以先随便聊聊，营造一个宽松的气氛有利于进一步的沟通和交流。你们要面对面地交谈，最好不要隔着办公桌谈话。这样你就可以通过形体语言告诉对方：你们属于同一个集体，正在努力解决共同的问题。

谈话前可以把需要讨论的内容用标题的形式简单地列出来，以便让员工做到心里有数。首先向员工说明一下谈话的原因和你所做的安排。一定要让员工明白每个员工都将和你进行这种谈话，因为这是你和他们工作的一部分。如果你在做上述说明时员工有什么问题，你应该马上给予答复，让员工明白你愿意回答他所提出的问题并且理解他提出这个问题时的心情。对员工关心的问题应给予明确的答复，然后听听员工 对此的意见。如果你觉得员工对你的答复表示满意，你就可以开始下一步了。

了解员工的想法，进而达到相互理解，这样做是至关重要的。这样做等于向对方表明，你很愿意听听他的心里话。你可以因此而激发员工的工作热情。由于员工有这样一个机会说出自己的问题和担忧，在接下来的讨论中，你们之间就不会产生误会。你可以把员工的这种表白当成一种预警系统，通过它，你可以做到有先见之明。因此，一开始你就应该先请员工发表意见，这样你就与员工建立了一种能够交换意见的 友好关系，这对接下来的谈话是有利的。记住，你是在请员工谈论他喜爱的话题——他自己。

在对员工进行评估之前，你应该认识到与员工讨论他的工作表现最容易使他产生抵触情绪。因此，你应该先弄清楚员工都有哪些难对付的行为，以便找到有效的对策。

难以对付的行为之一就是对立情绪。这对管理者而言，这是时常会碰到的事情，有些员工常常会情绪激动，甚至气急败坏。对此，你要能沉住气。最重要的是要理解人，你需要用事实来说话，但要注意方式。比如你可以先让员工发泄不满情绪，然后再向他说明道理，引导他改正。

询问员工你能为他提供什么帮助。你也许不愿意问员工这个问题，因为：

这问题有危险。

你觉得结果会很糟。

你认为应该是员工，而不是你来提出这个问题。

但是你应该问这个问题，因为：

员工听了高兴。

员工会告诉你这个领导当得如何。

你会得知大伙儿在谈论些什么。

你将得出正确的看法。

也许可以使员工提升工作业绩。

将有利于你和员工统一行动。

在对员工进行业绩评估时，你应该完成这样一个任务，那就是当员工需要作出决定时，你应该根据自己的经验给他们提出一些建议，让他们能够有所选择。员工也许没有你那么清楚，所以你应该提供帮助。

接下来是评估工作的实质性阶段：通过对业绩进行评定，综合各方面的因素，得出有益的评估结果，并顺利地传达给员工。

记住，只有员工完全明白了你对他们的要求，他们才能遵照执行。另外，你一定要让他们意识到不按要求做的后果。只有做到这一点，你对员工的工作说明书进行仔细分析，与他们讨论他们的工作职责、工作要求和工作成绩才能有效果。

问问你自己，这次业绩评估你给员工提出的目标是否应该在数量上加以限制。一次谈话员工能够接受多少批评意见呢？在半年或者1年内就要求员工在诸多方面取得进步也许期望太高。然而，你应该清楚员工到底能够取得哪些成绩，并请员工做出相应的承诺。

计划一下，看你打算如何帮助员工认识提高工作业绩的必要性。服从并不等于接受，只有员工自己表示要改进自己的工作，你才能得到最满意的结果。

多大的改进才算够了呢？也许以下两点必须改进：

（1）让员工自己制定具体的改进计划。

（2）把改进和改正区分开来。改正是改变总目标，改进则是朝着正确的方向迈进。

如果员工的工作仍然没有起色，或者该员工缺乏改进自己工作的能力或愿望，那你可以和他最后谈一次，给他最后一次机会，如果还是不行只好让他走人。

好了，现在再来看看那些工作出色却不能获得提拔的员工。这些员工分为两种：一种是明明知道却接受得不到提拔的现实；另一种是对此一无所知或者不肯接受。每个公司都有应该提拔却不予提拔的员工。

出于多种原因，工作出色并不一定就能得到提拔。对于那些不可能得到提拔的员工，你必须把他们的工作目标讲清楚。落实以下几点：

（1）有什么方法可以让这些员工继续出色地工作？这些员工需要你不断地进行鼓劲。

（2）用什么来激励这些员工？要回答这个问题，得看他们最近有什么要求没有得到满足。

（3）有什么具体的东西可以激励这些员工？经常委以重任，适当下放你的权力。

（4）你怎样丰富他们的工作内容，让他们承担更具挑战性的任务？与授权不同，这种工作内容的变动是永久性的，别人在工作中会碰到，你自己在工作中也可能碰到。

（5）能不能鼓励他们多参与管理，让他们参与更多的决策？

（6）他们有没有能力辅导其他员工？要认识到，传播知识对公司的成功是一种重要的贡献。相对来说，与工作出色而且又将得到提拔的员工谈话就容易得多，但不应该承诺他们一定能提升。现在你的任务是注重他的新工作，而不是他的现实表现。反复向他说明尽管他将承担新的工作，但他现在仍然要像原来一样努力工作，新的工作只会让人干得更出色。

听听员工以后有什么实际打算并与他共同制定未来的规划。员工可能的发展举措包括：

（1）现行工作的开展。

（2）个人培训。

（3）对新岗位或新职位的打算和安排。

（4）业余时间的打算。

（5）专题讨论会、学术会议、工作会议。

（6）自我发展和自学计划。

（7）大学进修和攻读学位。

无论员工表现好坏，能否得到提拔，与他谈话时你都可以参考以下行为准则：

以你的工作日志和评估表为准。

从优点说起。

尽量使你的分析与员工的自我鉴定统一。

谈话时随时准备停下来倾听员工的意见。

了解员工对你的分析有何意见。

员工对你的评估提出意见之后，你予以说明。

做不到的事不要答应对方。

执行工作改进计划。评估进行到这个阶段，你可以确认以下两点：

在规定的时间内员工应该完成的具体任务。

在同一时间范围内你应该完成哪些具体工作，以帮助员工改进工作，克服困难和障碍。

接下来，你应该将你们商量好的计划制成文件，以便双方遵照执行。计划应该包括：

员工得到改进所必须完成的具体工作。

你帮助和支持员工所要完成的具体工作。

为了使员工工作顺利，更令人满意，更有发展前途所要做的具体工作。

所列出的以上具体任务应该成为你们工作的重点。另外，该计划应该包括长期目标和短期目标。你们还应该制定一个行动计划，并把其划分为可行的具体步骤。

您可以按以下办法制订行动计划：

询问员工愿意承担什么工作。

你想让员工承担何种工作，请员工提出补充建议。

与员工商定他首先要做的工作。

询问员工你能如何帮助他。

你觉得能为员工做些什么，请员工提出补充建议。

与员工商定你所要做的具体工作和完成的时间。

记录在案。

立即动手改进你的评估体系

专家建议绩效评估过程和文件要尽可能的简单。

当莫特知道得到晋升的时候，心里非常激动。他认为新职责范围会扩大，会有一次加薪机会。升到新职位后不久，当人力资源部进行绩效评估时，他的期望又进一步升高，认为离大幅度涨薪的日子不远了。

但是时间过去了6个月，评估还没有结束，加薪也无着落。而且，莫特从来没有接受过一次试用期绩效评估。这个绩效评估本来也应该会给他带来小幅加薪的。

就这样，在一年之内，莫特看到三次涨薪的机会从他的指缝中溜走，因为要么没有绩效评估，要么就是绩效评估没有结束。他将他的感受归纳为一句话："我被骗了。"

努力要留住人才的雇主当然不愿意看到员工对企业丧失信心，然而，不完善的或糟糕的绩效评估体系往往会导致这样的结果。当评估不公正、不及时、不精确时，企业就没有办法对优秀员工进行奖励，对处于边缘的员工提供鼓励和指导，对工作低于标准的员工给予及时和适当的反馈。

那么，如何对那些不是那么令人满意的绩效评估体系进行改进呢？要做的事实在是太多了。一些措施是值得引起注意的。

要决定绩效评估体系中包含什么内容是件令人头疼的事，专家建议绩效评估过程和文件要尽可能的简单。必须避免使用长达16页的评估表格或多达95项的评估指标，这会让人忘了评估本来的目的。简化的评估表格有好多优点，包括评估中的一致性。这一点已由美国爱达荷州州长办公室中的实践所证明。该州行政官员安·哈尔曼认为，过去使用的绩效管理体系包含了太多的指标，导致评估缺乏一致性。例如，对于同一个员工的考核，某一个经理会想："既然你一直在做你的工作，说明符合该岗位的绩效要求"。

哈尔曼说："但另一位经理会想：'你在这儿已经有些年头了，闭着眼睛也可以做，肯定超过企业的绩效要求了。'"哈尔曼对绩效管理体系作了改进，推出了该州新的绩效管理体系，在这个新系统中，评估层次从5个降为2个：你要么达到绩效标准，要么没有达到。

很多人担心这样做不能将员工区分，但问题的关键在于标准的设定，如果经理人能找到好员工的标准，并将其放入评估表，那么一切都顺理成章。

当然制定评估标准时必须保持灵活性。用一把尺子衡量所有人是不行的。有些能力如"团队精神"适用于每个人，可以在这些方面对每个人都评分。但是，诸如"战略敏捷性"等只适用于副总裁以上的管理层或只适用于特定的群体。

麦斯公司（Mezzialnc）是一家网络基础软件公司。该公司商务经理米歇尔在诠释其绩效管理体系时说："各关键指标的总体定义能适合每个员工，但为了确保灵活性，对于每项工作，指标的要求不同。"例如，一项衡量客户服务的标准可以被应用于面对内部客户的职位（如人力资源或信息技术支持部门）或面对外部客户的职位（如销售人员）。"要推动你的员工，但又不能设立太高的标准，以至于每个人都达不到，"米歇尔强调，"但如果每个人的表现都出类拔萃，那么你的标准可能设定得不够具有挑战性。"

标准应该尽可能地清晰和可衡量。想一想那些溜冰裁判，他们给溜冰者彼此之间的评分仅有几分的差距。他们之所以如此精确，是因为他们精确地知道他们要寻找什么。

另外一个问题是员工的参与。在麦斯公司的评估体系中，员工目标必须由员工和经理共同讨论完成。这有两个原因。"首先，员工会关注被期望达到的目标，这是很好的自我反省，"梅赛（Mercer）咨询公司的人力资源咨询总监科琳·奥尼尔说，"其次，这些自我评估可以帮助经理看到每位员工的盲点。"

选择评估时间也是一项非常重要的工作，对评估的有效性产生影响。现在，很多公司都从在单个员工的周年日评估转向所有员工集中在一天进行评估，必须考虑这一措施的优劣，然后再决定哪一种方法最适合他们的组织。例如，集中一天评估使得评估体系和公司预算、计划一致，员工的绩效和贡献可以与公司全年目标对照，更精确地衡量。但是，对于计时制的工人或那些经常变换岗位的人，则可能仍需要在其个人的工作周年日进行评估。

　　一些人力资源专家偏爱周年日的评估方法，因为他们认为，集中一天的评估方法给经理们的负担太重。奥尼尔说："如果一下子需要看50份报告，精力有可能分散了。"但是，她也相信集中一天做评估可以确保更好的一致性和公正性。她说："当经理们把所有数据摆在面前时，经过比较他们会作出更好的决策。"奥尼尔引用了梅赛客户团队的研究。此项研究显示，集中一天的评估方法并不会大幅增加经理用于评估的时间。

　　在已经建立起绩效评估体系后，人力资源部门还可以走得更远一些。你可以问自己：人们是否真的在运用这个评估体系？你从员工意见调查中得到的员工抱怨是不是越来越少？你是否看到员工和岗位越来越匹配？通过这些问题，可以判断这个评估系统是否取得了成功。还可以通过调查来衡量新的绩效评估系统是否成功，比如，员工是否明白被期望的目标，讨论是否如期举行。"看一下企业运营结果和评估结果分布之间的关系，"奥尼尔说，"是不是每个人的评估结果都很杰出，业务却在衰退？是不是所有的销售人员评估时都拿到了5分，但销售在下降？"

全视角绩效评价——多几只眼睛看人

工作是多方面的，工作业绩也是多维的，不同个体对同一工作得出的印象是不相同的。正是根据此原理，人们在实际工作过程中开发出了全视角绩效评价系统。该系统通过由与被评价者有密切关系的人，包括被评价者的上级、同事、下属和客户等，分别匿名对被评价者进行评价，被评价者自己也对自己评价。然后，由专业人员根据有关人员对被评价者的评价，和被评价者的自我评价向被评价者提供反馈，以帮助被评价者提高其能力水平和业绩。

据最新调查，在《财富》排出的全球1000家大公司中，超过90%的公司在职业开发和绩效考核过程中应用了全视角绩效评价系统。全视角绩效评价系统之所以如此盛行，就在于它有以下几项优点：

综合性强，它集中了多个角度的反馈信息。

信息质量相对比较可靠。

通过强调团队和内部、外部顾客，推动了全面质量管理。

从多个人而非单个人那里获取反馈信息，偏见对考核结果的影响可以得到部分消除。

从员工周围的人那里获取反馈信息，可以增强员工的自我发展意识。

全视角绩效评价的主要目的，不是对员工进行行政管理，如提升、工资确定或绩效考核等，而应该是服务于员工的发展。实践经验显示，当用于不同的目的时，同一评价者对同一被评价者的评价会出现差异；反过来，同样的被评价者对于同样的评价结果也会有不同的反应。当全视角绩效评价的主要目的是服务于员工的发展时，评价者所做出的评价会更客观和公正，被评价者也更愿意接受评价的结果。当全视角绩效评价的主要目的是进行行政管理，服务于员工的提升、工资确定等时，由于牵涉到个人的利益，所做的评价公正性会削弱，被评价者也就会怀疑评价的准确性和公正性。因此，当公司把全视角绩效评价用于对员工的行政管理时，一方面可能会使得评价结果不可靠，甚至不如仅仅由被评价者的上级进行评价；另一方面，被评价者很有可能质疑评价结果，造成公司内部关系紧张。

全视角绩效评价一般采用问卷法。问卷的形式分为两种：一种是给评价者提供5分等级，或者7分等级的量表（称为等级量表），让评价者选择相应的分值；另一种是让评价者写出自己的评价意见（称之为开放式问题）。两者也可以综合采用。从问卷的内容来看，可以是与被评价者的工作情景密切相关的行为，也可以是比较共性的行为，或者两者的综合。

目前，市场上常见的评价问卷都采用等级量表的形式，有的同时包括开放式问题。问卷的内容一般都是比较共性的行为。采用这种问卷进行全视角绩效评价有两个优点。首先，成本比较低。美国CCL公司提供的全视角绩效评价问卷，包括1份自评问卷，11份他评问卷，其价格只有大约200美元。其次，实施起来比较容易。采用现有的全视角绩效评价问卷，公司所需要做的事情就是购买问卷，发放问卷，然后将问卷交给供应商统计处理，或者按照供应商提供的方法进行统计处理就够了。但是，这种方法也有其不足，最主要的一点就是问卷内容都是共性的行为，与公司的战略目标、公司文化、具体职位的工作情景结合并不是很紧密，加大了结果解释和运用的难度，会降低评价的效果。

因此，一些公司开始编制自己的全视角绩效评价问卷。采用这种方法编制的问卷，能确保所评价的内容符合本公司的具体要求，使得评价结果能更好地为公司服务。

在实际工作中，越来越多的公司开始采用折中的方案。即先从外部购买成熟的问卷，然后由评价者、被评价者和人力资源工作者共同组成专家小组，判断问卷中所包括的行为与拟评价职位的关联程度，保留关联程度比较高的行为。最后，再根据对职位的分析，增加一些必要的与工作情景密切相关的行为。采用这种方式，既能降低成本，同时也能保证问卷所包括的行为与拟评价职位具有较高的关联性。

在进行全视角绩效评价时，一般都是由多名评价者匿名进行评价的。采用多名评价者，确实扩大了信息搜集的范围，但是并不能保证所获得的信息就是准确的、公正的。同样，虽然匿名评价可能会使评价结果更加真实，但是更真实的评价并不一定就是更有效的。

在全视角绩效评价的过程中，受到信息层面、认知层面和情感层面因素的影响，可能会导致所获得的评价结果不准确、不公正。从信息层面来说，评价者对被评价者的情况不是特别了解；由于没有掌握相应的信息，或者了解的信息是不全面的，会使评价结果出现误差。

从认知层面来说，评价者可能只是根据他们对被评价者的整体印象，而不是具体的行为表现来对被评价者进行评价。

从情感层面来说，评价者可能会无意识或者有意识地歪曲对被评价者的评价。为了维护自己的自尊，一般的被评价者在评价时，会给自己较高的评价，而给其他人以较低的评价。

在同一公司工作的员工，既是合作者，又是竞争者，考虑到各种利害关系，评价者有时还会故意歪曲对被评价者的评价。比如，可能会给跟自己关系好的被评价者以较高的评价，给跟自己关系不好的被评价者以较低的评价。

由于以上原因，如果不对评价者进行有效的培训，会导致评价结果产生很多误差。为了提高评价结果的准确性和公正性，在进行全视角绩效评价之前，应对评价者进行选择、指导和培训。在培训的时候，最好能让评价者先进行模拟评价，然后根据评价的结果指出评价者所犯的错误，以提高评价者在实际评价时的准确性和公正性。

虽然评价是全视角绩效评价中的重要一环，但是全视角绩效评价最后能不能改善被评价者的业绩，在很大程度上取决于评价结果的反馈。评价结果的反馈应该是一个双向的反馈。一方面，应该就评价的准确性和公正性向评价者提供反馈，指出他们在评价过程中所犯的错误，以帮助他们提高评价技能；另一方面，应该向被评价者提供反馈，以帮助被评价者提高能力水平和业绩水平。当然，最重要的是向被评价者提供反馈。

在评价完成之后，应该及时提供反馈。一般可由被评价者的上级、人力资源工作者或者外部专家，根据评价的结果，面对面地向被评价者提供反馈，帮助被评价者分析在哪些方面做得比较好，哪些方面还有待改进，该如何改进。还可以比较被评价者的自评结果和他评结果，找出评价结果的差异，并帮助被评价者分析其中的原因。

在全视角绩效评价实施过程中，会出现一些问题，比如：员工可能会相互串通起来集体作弊；来自不同方面的意见可能会发生冲突；在综合处理来自各方面的反馈信息时比较棘手。

因此，当英特尔公司在建立全视角绩效评价系统时，他们采取了一些防范措施，以确保考核的质量。

1. 匿名考核

确保员工不知道任何一位考核小组成员是如何进行考核的（但主管人员的考核除外）。

2. 加强考核者的责任意识

主管人员必须检查每一个考核小组成员的考核工作，让他们明白自己运用考核尺度是否恰当，结果是否可靠，以及其他人员又是如何进行考核的。

3. 防止舞弊行为

有些考核人员出于帮助或伤害某一位员工的私人目的，会做出不恰当的过高或过低的评价。团队成员可能会串通起来彼此给对方做出较高的评价。主管人员必须检查那些明显不恰当的评价。

4. 采用统计程序

运用加权平均或其他定量分析方法，综合处理所有评价。

5. 识别和量化偏见

查出与年龄、性别、民族等有关的歧视和偏爱。从英特尔公司的经验来看，虽然全视角绩效评价系统是一种很有实用价值的绩效考核方式，但它与任何一种考核技术一样，其成功亦依赖于管理人员如何处理收集到的信息，并保证员工受到公平的对待。

对低绩效的员工心不能太软

重要的是时刻牢记你的目标：消除糟糕的表现和行为。

一位经理花了很大力气，才从某大公司挖来一名关键的信息系统专家。公司满腔热情地给他安排了工作，却很快发现他不能胜任。这位经理试图指导和帮助他，但是他的工作表现始终没有起色。

其他同事来到这位经理面前，建议他采取行动，他却迟疑不决。此时，他知道自己雇错了人，但是由于负疚而迟迟没有动作。他告诉这位新员工，他将给他一些时间寻找新的工作。但是这位新员工的表现却越来越差，直到一位重要客户拂袖而去，其他员工也士气低落，这位经理才把他解雇。

这位经理得到的教训代价不菲："下次我决不犹豫，立刻采取措施。"

在解雇员工时瞻前顾后，原因何在？

许多企业主管都像这位焦虑的经理一样不忍心正视没有达到标准的工作绩效，更不用说毫无绩效的情况了。绩效低劣的员工是指那些屡犯错误，赶走客户，在企业组织中造成不满和士气低落等问题的员工。快速成长的公司对绩效低劣的员工尤其不能容忍，他们会削弱团队的实力，给潜在客户和商业伙伴留下不良印象，加剧对公司综合生产率的负面影响。作为经理，你必须采取措施及时纠正这种状况。

如果你尽了最大的努力对员工进行指导，但他依旧置若罔闻，或者你降低了工作期望值和标准，他还是没能达到要求，这时你就应该重新审视对他的录用决定。很多经理在3周或更短的时间内就意识到自己在录用员工上的错误，但通常在3个月之后才决定纠正这个错误。

经理们犹豫不决的原因多种多样。例如：他们觉得承认错误是一件尴尬的事情；他们对错误的录用感到内疚，对解雇曾满怀期望的人于心不忍；他们对录用员工的时候没有明确表达工作绩效的期望而感到遗憾；他们知道自己没有做好员工的绩效反馈和指导工作；他们不愿意再次经历昂贵耗时的程序找到合适的人员来替换。

对于经理人而言，这可能是一个痛苦的经历，但还是应该采取行动。让自己理性一点。

在计划解雇一名员工之前，你应问自己是否公平地对待过这个员工："我是否让他认识到自己绩效低劣的事实，并给予他改进的机会？"也就是说，你是否采取过以下这些行动。

是否为这个员工确立明确的绩效期望值？这与你对员工绩效的管理水平有关。运用绩效管理技巧留住最佳员工的效果，取决于你和他们建立伙伴关系的程度。这种伙伴关系，是成年人之间建立共同协定的关系。

是否就这名员工的绩效没有达到目标，向他做出具体的反馈？一项研究表明，在60%的公司中，产生绩效问题的首要原因是上司对下属的绩效反馈做得不够或是没有做好。在针对79家公司的100多名员工所做的一项调查中，经理人的反馈和指导技能一致被评为平庸。这些结果表明很多经理人都是拙劣的导师，而他们的员工通常也意识到这一点。

是否详细地系统地记录该员工的绩效数据、事件、绩效反馈及改进评估的谈话结果，以及是否在上述评估谈话中，使该员工认识到存在的问题并对如何解决问题达成一致？在绩效讨论的过程中，让员工评估他们自己的绩效。如果员工承认问题，那么，问题解决会顺利得多。如果员工否认问题，那么该员工对建设性的指导置若罔闻。

是否把给予这位员工一定的试用期或者改进绩效的最后期限，作为解雇前的最后手段？曾经有一位经理告诉他的一名员工，如果他在30天内仍然不能完成自己的工作项目，就必须走人。结果该员工在期限内完成了任务。所以，要确保给予员工足够的改进时间。

是否寻找解雇之外的其他方法？你犯了录用某位员工的错误，并不意味该员工不能有效地完成其他工作。该雇员不适合这项工作，可能是他绩效低劣的真正原因。因此，可以考虑重新评估该员工的才能、动力和兴趣。也许工作可以重新设计，也许在你的领域内有其他更能发挥该员工才能的工作。

假设你已经不止一次直言不讳地把工作绩效低劣的情况反馈给员工，指导他如何改进，为他确立具体的绩效目标，记录他未能改进绩效的情况，而且考虑过不解雇的解决方法，然而都无济于事，那么，你的最终选择是解雇他。

经理人无论出于何种原因解雇员工，都是一件最令人忧虑和烦恼，却又不得已而为之的事情。令人烦恼的因素多种多样，你不仅夺走了这位员工的生活来源，而且，你这么做会影响组织中的其他成员，包括你最想留住的员工。

重要的是时刻牢记你的目标：消除糟糕的表现和行为。在有效地惩戒员工或者采取纠正措施之前，你必须表明你真诚地关心他的成功。考核程序对事不对人，是基于"目标推动行为，结果维系行为"的原则。

年度工作评估的效果是有限的

现代公司不应该在年度评估上浪费过多的时间。

"好吧，约翰，轮到你做年度工作评估了。我只问你一个问题——你对自己过去一年的工作有何评价？"

"嗯，我感觉还是不错的。我准时完成了更多的项目，是不是？"

"是这样，我希望你知道我对此非常欣赏。另外我也注意到你的报告写得更加精练、更加切题，语法错误也减少了。"

"是啊，我一直在这上面努力，"约翰看上去似乎很开心，"我对自己的进步感到很高兴。"

"不过另一方面，我要求你把交上来的几个报告重新做一遍，因为我认为你缺少充分的调研。"

"真是抱歉，但我已经在做一些工作了。你不觉得我后来做得好多了吗？"

"我真的没有注意，不过下一两次我会特别留心，并让你知道。还有另外一件事——我发现这几个星期你多次离开工作区。我希望你确实把时间花在了工作上。"

"这多半是为了那个改型项目，"约翰回答说，"我不会再在上面花时间了。"

"能听你这么说，我很高兴。现在我们来看一看——把得分与扣分加起来，我想这就是你去年工作表现的得分了。这听起来很合理吧？"

约翰想了一会儿，然后答道："是啊，这还用说。"

你在管理课程上可能学到的有关进行工作评估的要素都已经包括在以上那段对话之中。经理给了约翰充分的发言机会，并且以两个积极的表现开始评估。他客观地提出了约翰的消极表现，而且也给了他辩白的机会。最后经理对约翰的工作表现打分，而他也接受了这一评估结果。

那么，结果会是如何呢？约翰可能会继续做更多精练的报告，这些报告也不会有什么语法错误。他会努力把调研工作做好，但却不能肯定经理会向他提供帮助。他还会继续离开工作区，不管是出于什么原因，直到经理再次对此发话。他会对得到的分数感到失望，因为他认为上次评估以后自己已经有了提高。

那么，约翰的工作表现会有多少改善呢？答案是：零。

你不应该在年度评估上浪费时间。年度工作评估是件不讨人喜欢的事务性工作，但很多企业都有这方面的要求。这种评估改善不了工作表现，而它也确实不是为改善工作表现而设计的。因此，按企业的要求去做好了，做的时候要小心谨慎，而后用其他方法来切实地改善员工的工作表现。

那你该怎么样做呢？

（1）看到好的表现时，应该当场予以肯定。等到评估时间到来后再告诉某人他做了件出色的工作已太迟了。

（2）一有不良表现出现，就当场予以处理。案例中的经理本应该一直在约翰身边帮助他改进报告，提高他的调研能力的。如果他对约翰离开工作区的次数太多引起了重视，那么在引起重视的当时就应该对他提出质疑。他和约翰都应该清楚地知道问题所在，知道他在克服这些问题上有何进展。

（3）将年度评估视为对你与员工们都已经知道了的工作情况的简明回顾，为员工打一个恰当的分数，并以此作为一个新的起点。

这不是正确与否的问题。如果你期望有种最好的年度评估，它能够真正对改善工作表现起到作用的话，那你几乎注定要失望的。

有些经理会向员工们征求对年度评估的意见。还有的经理甚至要求员工们详细地用书面形式汇报自己所做的工作，并给出自己认为应该得到的分数。这些都没有解决最基本的问题，不过确实可以让经理了解一些细节。

员工的优秀程度与他们给自己的评分之间往往会有一种负相关。真正优秀的员工对自己的要求很高，他们对所取得的成就与自己的理想之间的差距一清二楚。而平庸的员工刚好相反，他们目标不高，视野不宽，他们只知道自己干得多累才取得了现在的成就。这样，先进的员工可能会把自己的评分打得比平庸的员工还要低。并非说自我评估不可取，而是说应该对结果作一个平衡，使之能够反映你所见到的业绩。

part 8

高效团队的薪酬设计方法

我们的待遇体系，是基于贡献为准绳的。

——华为公司创始人任正非

华为怎样给团队设计薪酬？

任正非领导的华为公司，可以说是中国最高效的团队之一。有专家指出，在全球产业竞争中，中国企业能够独占鳌头的大致有四家，一家是中石油，一家是中国远洋，一家是华为，一家是联想。中石油和中国远洋都是国有企业，依靠的是国家资本和经营垄断权，而且中国远洋随着全球航运业冬天的到来，已经三年连续亏损。联想是通过购并IBM电脑业务后一跃成为全球名列前三家的电脑制造商，而华为则完全是在爱立信、思科等全球豪强博弈的市场中打拼出了一片天地，成为全球通信业的领导企业。

华为的成功，可以从其薪酬体系中了解到一些奥妙。

华为不仅遵守经营所在地法律规定的最低工资标准要求，而且还推行了极具竞争力的薪酬体系。为使公司在市场竞争中立于不败之地，华为人力资源部与HayGroup和Mercer等顾问公司长期合作，定期对工资数据调查，根据调查结果和公司业绩对员工薪酬进行相应调整。

我专门找到了2014年华为公司员工的薪酬资料，来进行介绍和分析。

华为员工的奖金计划与员工业绩密切相关。员工奖金支付根据员工个人季度工作所负的责任、工作绩效及主要完成项目的情况而定，同时也会考虑总薪酬包的情况。根据薪酬政策，华为每年对薪酬计划进行审查和修改，以保证该项计划能在市场竞争和成本方面保持平衡。

华为建立了一套面向所有员工的社会保障和福利机制，这一机制高于当地政策的要求，同时还包括了强制性的社会保险和额外福利等。

以下是深圳华为公司的一份员工情况基本数据调查表：

	相关统计
员工组成	●华为有62.06%的人员为工程师和技术人员 ●5.09%的员工为销售和服务人员
加班情况	●95.64%的员工在工作中需要加班 ●4.36%的员工不需要加班
每周工作时间	●72.94%的华为员工工作时间在：每周工作40-49个小时 ●21.86%的华为员工工作时间在：每周工作50-59个小时 ●4.32%的华为员工工作时间高于：每周工作60个小时 ●0.88%的华为员工工作时间低于：每周工作40个小时

根据华为的规定，员工的工资按级别体现差异，从13级到22级，共10个级别。每一级工资分为A、B、C三档，C档工资是对应级别的最低工资。根据员工实际工作的表现，可适当上浮至B档或者A档。13级工资大致等同于本科毕业生的薪资水平，14级工资大致等同于硕士学历新员工工资水平。

在华为，工资的"升级"是要通过考核的，考核的指标就是业绩，业绩的高低则取决于对公司贡献的多少。这也就意味着，贡献越大，能够获得的待遇水平就越高。

为了说明贡献与实际待遇的关系，笔者找到了一份2010年华为员工标准岗位薪资水平表，表格中的数据单位均为人民币/元。

级别	C档工资	B档工资	A档工资
13	5500	6500	7500
14	7500	9000	10500
15	10500	12500	14500
16	14500	17000	19500
17	19500	22500	25500
18	25500	29000	32500
19	32500	36500	40500
20	40500	44500	49500
21	49500	54500	59500
22	59500	不详	不详

最高层孙亚芳是最高级22A，和任正非一样，华为只有此两人为22A。

华为一级部门主管或副总裁在22B、22C-21C之间，二级部门总监20A-20C，三级部门主管19A-19C。

在华为，工程师分为助理工程师、普通工程师和高级工程师。助理工程师的技术等级为13C-15B；普通工程师B的等级为15A-16A；普通工程师A的等级为17C-17A；高级工程师B的等级18B-19B；高级工程师A或技术专家19B-20A(华为技术专家的技术等级和待遇等同于三级部门主管，若高级专家最高可达到一级部门正职的技术等级21A-22B)，三级部门主管19B-19A；二级部门主管20A，一级部门主管21B-22B，最高等级22A。

如一个新招18级的员工，他进入华为以后的前四年每年的收入最多35万。而一个18级的华为老员工，他的年收入最少百万。这个差距是股票和奖金造成的。拿18A来说，每个月要交5700元左右的个人所得税，扣除个人所交保险什么的，算2000吧，32500-7700=24800元。一年的工资税后收入大概是30万。奖金和分红另计。

如果工作八年以上，可以去应聘16A，但大多会给16B，工资开价13500-15000元之间。工作六年的可以去应聘15A、B，工资开价12000-13000之间，如开价16级肯定不会给。若自认为能力突出，项目经验丰富，有经理级职务，或技术专家，可以去应聘18级，当然应聘的时候会和你讨价还价，讨价还价之后给你的级别一般会低于你的开价一大级。

如果工作十年或以前担任过部门经理的社招员工，由于级别给的较高(17A以上者)大多数会赶到海外。2004年进入华为的本科生目前大多15A、B。华为社招工作六年的能力和技术水平一般，基本能胜任工作普通社招员工，大多15A、B。如果在原公司是骨干可以高两个小级。即16B、A。

如果社招工作8年的普通员工，大多给予16A或17B。如果原公司(在业界有所闻名的公司)担任过公司正式任命的部门经理，并有超过两年担任部门经理(部门主管)职务的经历，有管理团队工作的业绩，或是工作十年以上的技术骨干，则不走普通招聘流程。作为特招进入。级别一般给予18A-17A。给予签字费、股票。很多人会注明年终奖不低于某个数值。若是思科、爱立信、阿朗、诺西等公司正式任命的部门经理(部门主管)则会给予等同于华为三级部门主管的级别19B或19A。(这里所说的部门经理即公司正式发文任命的部门经理，负责管理一个部门，负责管理部门整个部门的工作，制订部门计划，监督管理员工，负责员工考核，召开例会分配任务等。负责领导本部门全体员工完成公司或上级下达的各项任务的部门领导者。)

应届本科生最低级别就是13C。13C以下是3000多名生产线上的操作工的级别。签字费就是你愿意来华为给你的补偿金，一般是作为补偿你跳槽损失的奖金，一般3万以上。此签字费只有特招员工或普通工程师B以上的员工才有。这是华为特有的挖骨干员工的手段。

特招一般面试三次。特招以面谈为主。主要考察你领导团队能力，项目能力。

新入职的应届本科13C，一般每一年2小级。此任职资格和你的技术等级挂钩，技术等级共为7级，7级只有一个，顺序为7 > 6A > 6B > 6C > 5A > 5B > 5C > 4A > 4B > 4C > …1C，形象的说，技术等级是职称，任职资格是享受的待遇等级。也许有的人15年也到不了18A。也许有的人很快就到18A。不一而同。因人而异。

华为任职资格和技术等级是挂钩的。例如任职资格为13级，技术等级3A，任职资格为3A13=16A。

每个级别的考评结果都有完全胜任、不完全胜任或不胜任三等，所以每个级别的员工的工资也有一些差异，股票也会有差异。以基本工资为例，如果不完全胜任，乘0.8系数；胜任的工资要乘以不少于0.8的系数；不胜任的要调换岗位或辞退。

一般在市场销售和研发部门工作5年后，每月薪水加上年终奖和股票分红，一般都会在20万元左右。但在华为工作相对更辛苦，员工经常为完成工作而自发加班，但没有加班费，所以每年都有4%的员工离职。一位华为手机研发人员也证实，一般工作5年的研发人员年薪在20万元左右。

华为市场部一位中层表示，工作5年以上，20万元年薪在华为研发和市场部门算是中等水平，而华为员工的工资水平也比中兴通讯等竞争对手差不多多了20%。更为重要的是，华为有六成员工持有公司股票，可以享受公司业绩增长所带来的盈利。

从2001年开始，华为实行名为"虚拟受限股"的期权改革。虚拟股票是指公司授予激励对象一种虚拟的股票，激励对象可以据此享受一定数量的分红权和股价升值权，但是没有所有权，没有表决权，不能转让和出售，在离开企业时自动失效。这就是说，假如华为向一名员工配"虚拟受限股"一万股，这或许并不表明华为需要增发一万股新股供认购。此外，"虚拟受限股"是否对应着华为相同数量的股份，这都是未知数。此前就有律师认为，华为的员工持股计划并不规范，而更像是内部奖励制度。

以上关于华为薪酬制度的一些介绍，虽然无法了解到其内部运作的详细情况，但已经能够感受到这个被誉为中国最牛经营团队的薪酬设计之道，相信对读者学习接下来的内容会有所帮助。

对内具有公平性，对外具有竞争性

对内公平合理是薪酬体系的主题，解决的是内部一致性问题。只有公平地对待每一名员工，才会保持组织内积极向上的气氛。高薪并不一定能够留住人，企业中拿最高薪水的人离职的现象并不少见，这在很大程度上是因为企业对不同的绩效支付的工资差别不够，从而使他们认为与其他人相比自己仍受到了不公的待遇；而对外具有竞争力，则是指公司本身的薪酬水平与市场竞争者的薪酬水平的比较。在目前人才市场情况来看，公司薪酬水平的高低仍是决定公司能否吸引并留住员工最重要因素之一。优秀员工作为一种稀缺资源，要得到就必然要付出更大的代价，表现在薪酬水平确定方面就是较市场平均水平要更具竞争性。

薪酬的发放形式还要注意以下几点。

1. 尽量少发红包

薪酬的发放方式应当力求公开、透明，应当尽量减少直至不使用私下发红包的方式。公开的薪酬发放方式可以产生很好的示范效应，"看，达到这样的业绩就可以拿到这么多钱，"从而引导员工向公司设定的目标努力。但是许多企业的老板都习惯于给员工私下发放红包，以奖励其对企业作出的突出贡献。私下发红包容易引起员工之间的相互猜疑，破坏企业内部的和谐气氛，而且红包的多少由老板一个人说了算，本身就与现代企业制度所倡导的科学公开的绩效考核体系相背离。特别是很多员工本身就属于企业的高级领导，给他们发红包更容易在企业内部造成不良的影响。

但是公开发放薪酬要建立在拥有科学、完善的绩效考核体系基础之上。否则，完全公开有可能使员工争先钻制度的空子。在实践中，中小企业中很少有能够完全公开发放的。所以从短期看，这种方式有其存在的合理性；但从长期企业制度的完善来看，则应当逐步废除。

2. 适当降低期望值

在给员工调薪时，如何既能控制人力成本的增长又不减少对员工的激励呢？一种有效的方法就是先降低员工对其薪酬目标的期望值，比如对员工预期的调薪幅度和调薪范围做低调处理。这样当员工发现其事实上的调薪幅度超过其预想时，就会产生一种满足感。即使没有满足感，与这种方法实施前相比，他对企业的不满程度也会大大降低。

3. 适当缩短奖励间隔，保持激励及时性

根据心理学家的有关研究，频繁的小规模的奖励比大规模的奖励更为有效。所以，企业管理者可以把本应一次性发放的薪酬分为几次，从而减少了薪酬发放的时间间隔，保持了对员工激励的及时性。另外，还可以把一部分薪酬变为不定期发放，让员工有更多的惊喜，增加激励的作用。

适当确定固定报酬和浮动报酬的比例

对于员工的薪酬而言，固定薪和浮动薪的比例问题一向很重要。

从美国企业的经验来看，浮动薪一般都占到了50%以上，而对于一些持有大量公司股票期权的高层经理而言，这个比例可以达到80%甚至更高。这只是一个笼统的比例，具体数字应当结合企业和员工的具体情况加以分析：

从员工的种类来看，对于效益较为明显，且工作创造性要求较高的技术类和销售类员工而言，浮动薪的比例应更高，这有利于提高其积极性，化压力为动力。像许多企业就取消了技术人员的基本工资，而销售人员没有底薪更是司空见惯的事情。管理类员工则应当适当提高固定薪的比例，毕竟他们工作的绩效更不易衡量，而且贡献的延续性较强。

从企业所处的发展阶段来看，在企业处于发展前期时，员工的固定薪应当更高。这是因为，这时员工的工作更具储蓄性。从整个企业组织结构和制度的构建和完善到一项前所未有的新产品、新技术的开发与研制，从销售网点的一个个建立到销售网络的逐步扩张，前期员工的努力是企业可持续性长远发展及日后获得高额利润所不可缺少的重要因素。而这些努力在开始时是很难在企业的利润表上反映出来的。而在企业处于成熟期后，业务的开拓和企业的发展更需要员工开创性的工作，而不是坐享其成，适当的提高浮动薪的比例就可以引导员工向这个方向努力。

从企业的性质来看，高科技企业的员工薪水中浮动的部分应当更多，而成熟产业或者夕阳产业的员工薪水则应当以固定薪为主。

虚拟股票计划

虚拟股票期权计划最早是在美国硅谷的高科技企业中发展并成熟起来，其初衷是为了缓解创业型企业发放骨干员工高额奖金的现金不足，而把现金奖励折算成企业的股份，如果企业上市成功，则这些骨干员工手中的股份就可以升值为一笔巨大的财富。

具体做法是借鉴股票期权的操作及计算方式，将奖金的给予延期支付，而不是真正意义上的股票认股权。其操作方式是由控股公司推荐、委派、提名并在公司领薪的总经理等主要负责人实施年收入法。年收入由基薪和加薪奖励两部分组成，基薪以年度为单位，根据企业的资产规模、管理复杂程度以及其他参考因素确定的基本报酬，加薪属于风险收入，与经营者的经营成果，工作业绩及贡献挂钩。有两种形式：一种是经考核后视经营业绩增发1~5个月的基薪；另一种则是上市公司的经营者可以获得和特别奖励等值的股票，但在一定时期内不得兑现，不得流通，但享有分红、转增股本的权利。当获奖者任职超过两年，期股累计超过5万元时，可兑现超过部分的20%。经营者在任期满、正常离职满1年后可以按事先约定的时间兑现股票。

虚拟股票期权采用的是内部结算的办法进行操作，主要操作方法如下：

（1）确定用于虚拟股票期权的资金额度，资金来源于积存的奖励基金。

（2）分配期权时，充分考虑到对主要技术人员和技术骨干的激励作用，重点向这部分员工倾斜。在获得虚拟股票期权的人员中，占总数20%的科技人员获得了总额度的80%，其余人员则获得剩余的20%。

（3）期权授予时，通过一定的程序的考核，最终确定每一位有权获得虚拟股票期权的人员的具体数额。

（4）公司与每一位参与者签订合约，合约中约定虚拟股票期权的数量、兑现时间表、兑现条件等，以明确双方的权利义务。

（5）虚拟股票期权以上海贝岭股票的股数计量，并以签约时的市场价格按一定的比例折扣作为基准价格；期权兑现时也以股数计量，并以兑现时的实际市场价格结算，差价部分为员工实际所得，公司代为缴纳所得税。

虚拟股票期权制度是在我国关于股票期权的规定尚不明确的条件下的一种有效尝试，这种方式为贝岭这个高科技企业的发展凝聚了人才，留住了员工，并充分地发挥了他们的创造性。

"金色降落伞" 条款

"金色降落伞"是指按照控制权变动条款而对失去工作的管理人员进行补偿的一种附加条款，一般在与管理人员签订合同时一起签订。这个条款通常要求支付一大笔钱或在某一特定期间按一般补偿金比率的全部或部分进行支付。

"金色降落伞"在美国的企业中得到了广泛的应用。到20世纪80年代中期，《幸福》杂志所列500家大公司的25%就已经在雇用合同中对最高管理者使用了这个条款。1985年，比阿特丽斯公司就依照这个条款为6位高层管理人员一共支付了2350万美元的补偿，其中一位只在公司工作了13个月的经理人拿到了270万美元；而同样在1985年，雷弗伦公司的董事长拿到了包括解雇费和优先认股权在内的3500万美元。这些例子在公众中都引起了巨大的轰动。

"金色降落伞"曾经被认为是公司收购防御措施中的一种。对公司原高层管理人员支付的大额补偿金被认为是对收购活动的一种抵御，因为这样会加重收购者在现金流方面的负担。但是，包括上述两个极端例子在内，大多数情况下的金色降落伞的开支都不到全部收购费用的1%。这个比例对于资金实力雄厚或志在必得的收购者而言，几乎可以忽略不计。所以它并不是一种有效的收购防御策略。

尽管如此，"金色降落伞"在现实中的应用并没有减少。根据美国经济学家兰伯特和拉克的实证研究，在雇用合同中采用"金色降落伞"条款的企业股价平均提高了3%左右。这又是什么原因呢？这是因为，"金色降落伞"的效用更多地体现在对高层管理人员即管理类员工的延迟支付，从而使他们更专注于公司的长远发展和股东权益而不是短期效应。一般来说，即期的业绩并不能准确的估计出管理者对公司的真实贡献，但随着时间的推移，可以得到更多的公司长期赢利的信息，进而可以估算出他们的价值。所以，为了使管理者不偏离股东权益最大化的目标在其雇用合同中就应当包含延期补偿条款。"金色降落伞"的实施，就是防止虽然管理者付出了大量努力，并且公司长期业绩有很大增长潜力，但是由于公司被收购，管理者被解雇，所造成的延期支付无法实现的现象发生。"金色降落伞"把应当在管理者整个合同期内的延期支付提前化了，提前到了管理者被解雇的那一天。

这样，管理者对公司的专门性投资的积极性就能够得到保持。即使由于公司被接管而自己因此失业，也可以得到一笔可观的补偿，管理者在工作时的顾虑自然就没有了。如果意料之外的控制权的变动，失去公司的可能性很高，管理者就不会愿意投资于公司专门技术和知识。

"金色降落伞"的另一重要优势就是可以促使管理人员接受可以为股东带来收益的控制权变动，从而减少了管理者与股东的利益矛盾和冲突。在没有实施"金色降落伞"的时候，管理人员在面对有利于公司发展和股东利益的并购要约时，出于保护自己地位和利益的目的（在收购后往往会更换整个高级管理层），往往会予以拒绝。"金色降落伞"就解决了由管理人员抵制而造成的交易费用过高的问题。但是，"金色降落伞"的问题也同样来源于此。如果这个合同的补偿金额过大，就有可能诱使管理者在面对收购者时以过低的价格将公司售出。所以，在与管理者订立合同时，"金色降落伞"的补偿金额应当慎重考虑。目前来看，在补偿金中加入适量的优先认股权是一种有效的解决方式。

福利计划的实施技巧

上海贝尔有限公司总裁谢贝尔曾说："深得人心的福利，比高薪更能有效地激励员工。"而在调查一些高校毕业生的就业意向时，很多学生愿意去一些欧美企业或是国有大型企业，除了大公司相对规范的管理制度外，良好的福利待遇是他们所看重的。不妨看看以下两组数字。数据一：跨国大公司在过去的50年里，平均工资增长了40倍，而福利增长了500倍；数据二：在世界500强企业中，员工的工资与福利已几近达到1：1的比例。而这些福利大多投在住房福利、养老保险、医疗寿险等长期项目的福利中。可见，福利计划已经成为吸引人才的重要因素。而员工在满足了基本需要后，在福利方面的要求自然与普通员工有很大的区别。那么，在福利计划设计与实施中如何发挥福利的最大作用，满足员工的特殊要求呢？你不妨参考一下下面的几个技巧。

1. 自助餐式的福利计划

有这样一个例子：某公司的高层领导为感谢广大员工一年来的辛勤工作，特地准备了一项福利：为每一位员工准备一个公文包。公司高层本以为广大员工会喜欢这一份礼物，没想到却收到了很多抱怨意见，有的高层经理说："我平时上班根本用不着公文包，发一个只好留在家里。"女性员工更是反对都用一样的公文包，"那样太没个性了"，有人甚至说，"如果能给我一个热水器就好了，我正需要。"

公司发放福利的本意是为了更好地提高员工的士气，激励员工更加努力工作。然而福利发放不当，却起了相反的作用，伤害了员工的感情。福利只有针对员工需要才能起到激励员工的作用。因此，如果公司能够让员工自由地选择他们所需要的物品，其效果将是显著的。

　　而在员工的需要方面，员工因为普遍的待遇较高，基本的需要已经满足，所以在更高的需求层次方面就呈现出更为明显的多样化。有人想去旅游，有人则可能主张更好地锻炼身体。如果忽视这些需要的不同，千篇一律地设计公司的福利计划，对员工积极性的打击是非常明显的。

　　在具体操作中，弹性福利制度容易把握不住成本，而且很难找到一个实行标准。在这方面，日本许多企业实施的自助型积分制很有特点。他们只将一年公司福利的30%运用到自助型福利当中，拿来记分，共分为七大类，包括团体分、个人积分等，根据考核后，如一年的分数达100分，能参加一次旅游，达到120分的，可以休假，其中旅游也分A、B、C三个团，不同等级可以到不同的地方。这种制度就是在统一的基础上加上了些弹性的色彩，取得了良好的效果。

　　员工的自助餐式福利计划不应对普通员工的福利造成影响。注意以公司的承受能力为基础，尽量控制员工的差异性，全部采用自助餐式也是很不实际的。所以，对于关系到广大员工安全、保障的"大件头"的福利，每个员工都应享受，如房屋津贴、养老、医疗等；自助方面，即弹性福利，则应从康乐方面下手，并且要做好员工反馈工作，尽量做到老中青结合，普通员工和员工结合，做计划时应该尽量多姿多彩。

2. 让员工了解福利的全部内容

　　对企业而言，福利是一笔庞大的开支。但是，我们常发现企业的员工在计算自己的年收入时，仅关注一年从工资卡上拿了多少现金，年底有多少奖金。如果你问他们：福利是不是收入？大多数人会坚持认为福利不是收入，是企业应该给员工的待遇。

　　福利的范围很广，几乎是没有界限的。大至房屋津贴，小至生日卡片都在这个范畴之内，企业设立托儿所、医院这也是福利的一种。目前，许多企业员工并不了解自己所享受的福利状况，依然肤浅地认为福利就等同于现金。不仅如此，众多企业也是仅仅对其总体的福利开支进行费用统计，但是对于员工个人福利却没有统计过。

　　对员工而言，公司给予其的福利开支很多带有隐蔽性。比如，脱岗的培训机会和带薪休假。去外面的大学和培训班培训的开支大小很好计算，但是在企业自己的培训基地里面的费用计算起来就没那么容易了。而国际上一般大企业都设立了自己的企业大学，员工很少再出去深造，但员工很少将这部分费用算到自己的收入中。至于带薪休假则是给予员工的一项特殊福利政策，一般员工可能也有，但假期的长度不能和管理层相提并论。而带薪休假实际是等于单位工作时间报酬的增加，但许多员工意识不到这一点。

所以，企业应该加强与员工在福利计划设计方面的沟通与交流：将福利方面的开支做个明细说明，让员工明白公司到底为他们付出了多少；如果你确信公司的福利计划具有竞争力，为了让员工信服，还可以把你在福利方面的调查结果公开，让员工感受到自己企业福利计划的竞争性。

3. 避免现金福利的最大化

现在，许多员工特别是IT业员工当中，流行这样一种观点："福利一降再降，现金越来越吃香"，认为现金比非现金的福利更具吸引力。而对于企业特别是一些新兴的、规模较小的企业来说，由于福利计划操作复杂，而且一旦提供便难以收回，容易降低企业运营的灵活性，所以一般倾向于提高员工工资而减少福利开支。

但是，员工与员工对福利的要求不同，不同年龄层次的员工对于福利的要求也不同。年轻的普通员工面临成家立业的压力，往往会认为福利现金化是该时期最好的选择；对于年龄较大的员工，吃、穿、住房都不再是问题，所以长期的激励福利更受欢迎。

从稳定员工队伍的方面考虑，现金福利最大化也是不明智的选择。延期支付是公认的防止员工流失的有效措施，其中各种福利计划的设计就是重要的一个方面。比如，在美国企业中应用广泛的养老金计划中，员工享受养老金的数额和比例要视为企业服务的年限而定；还有，许多企业为员工提供的各种贷款其还款的比例和利率也与在企业的服务年限有关。例如，上海贝尔公司为了解决员工的购房置业问题，就曾为公司的员工提供了无息购房贷款的福利项目。而且规定在员工工作满规定年限后，此项贷款可以减半偿还。

如果企业将这部分福利都以现金的形式提前发放，挽留员工的效果可想而知。

企业从长远计划来说，应该创造企业文化环境，而福利现金化是比较短期化的，不能解决福利应起的作用。企业对员工的关怀，简单的现金发放是体现不出来的；而简单的发放现金更不能买来员工的忠诚。如果把每个员工的养老保险都变为现金，那么员工的安全感就没得到。在一个没有安全感的组织中，建立积极向上的企业文化无疑是空中楼阁。

4. 福利设计需渗透人性化

企业应当在亲情化、人性化方面讲求福利创新，不可直接沿用传统的福利方式，要从细微处下工夫。员工可能并不在乎福利项目所花费的金钱，但不会对公司的亲情置之不理。在员工生日时送上生日蛋糕，增设球场等公共设施等，都会收到意想不到的效果。而专门为员工的家属提供的特别福利，更容易使他们感受到公司的关怀。母亲节时的一张贺卡、家属一同参加的公司宴会、给员工妻子的一盒化妆品和孩子的一份礼物，常常可以使员工激动万分。

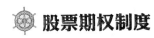 股票期权制度

在美国，企业管理层股票期权激励方案的广泛推行，给管理者带来了丰厚的收入。美国强生公司总裁拉夫·拉尔森1998年的总收入是6947万美元，其中期权收益为6684万美元，占其总收入的99%；美国通用电气公司总裁果杰尔·韦尔奇1998年的总收入超过2.7亿美元，其中期权收益占96%以上，工资和奖金两项合计所占的比例还不到4%。1998年，迪斯尼公司的总裁艾斯纳，其工资加奖金总计不过是576万美元，但是股票期权则为他带来了将近5.7亿美元的收入。美国最大的网上拍卖公司eBay的技术骨干韦布所获得的薪酬是：年薪45万美元+雇用签约奖金10万美元+保持网络畅通奖金30万美元+股票期权50万股。如果按当时eBay每股180美元的市场价格来计算，单股票期权一项就价值9000万美元。下面一起看一下，几个著名公司具体股票期权制度：

1. 微软公司

微软员工的薪酬主要由三部分构成，一部分是工资，另一部分就是公司股票认购权，最后一部分是奖金。微软通常不付给员工很高的薪酬，但是有高达15%的一年两度的奖金、股票认购权以及工资购买股票时享受的折扣。每一名微软雇员工作满18个月就可获得认股权中的25%的股票，此后每六个月可获得其中的12.5%。10年内的任何时候员工都可以兑现全部认购权。微软每2年还配发一次新的认股权，雇员可用不超过10%的工资以八五折优惠价格购买公司的股票。

在前几年互联网发展的高峰中，作为软件界巨头，就像其他成熟的技术公司一样，微软的管理人员和工程师也纷纷跳槽到互联网新创企业和风险投资企业。微软公司为了留住顶尖人才，最近又悄悄推出一系列新的奖励制度，包括超过往常数量的员工股票期权和额外的休假等。在新的奖励制度中，股票期权计划分配

给高级管理人员和重要的软件工程师，最多可达20万股。据知情人士透露，微软最近提拔的30多名副总裁中，有些人就有资格享受该项奖励。

2. Intel公司

Intel公司从1984年开始面向公司的高层管理人员授予股票期权，主要用于对高层管理人员的年度管理绩效的奖励。1999年，Intel公司对经过管理部门的推荐或者公司补偿委员会批准的高级管理人员授予股票期权。股票期权授予数量取决于以下几个公司内部因素如：前一次赠与的数量、过去几年中的工作贡献和工作范围等。一般而言，最初授予的股票期权在授予5年后才可以行权。Intel公司在1984年的股票期权计划中提出公司会在非经常情况下对主要高级管理人员和其他高级员工赠与额外的股票期权，以认可他们在未来领导公司前进中的潜力。这类股票期权的授予等待期一般要长于普通股票期权的授予等待期。公司在1999年的股票期权计划中开始实施不仅包括其主要高级管理人员的股票期权制度，并且开始进行全体员工的股票期权计划。

3. 摩托罗拉公司

1993年，摩托罗拉公司提出了一个包括其CEO在内的高级管理人员最小股票持有指引方案，该指引方案规定，如果CEO所拥有的股票少于其基本工资的4倍，或者其他高级管理人员所拥有的股票少于其基本工资的3倍，则这些高级管理人员必须保留50%从1993年12月起开始行权所获得的股票。直到达到指引方案规定的最小持股标准。摩托罗拉公司的最小持股标准为：elected officers所持有的股票不能少于5000股，而appointed vice-presidents则不少于1000股。

4. 戴尔公司

1999年8月，戴尔公司中国分公司的每一位员工，大约得到了200股美国戴尔公司的股票期权。在被授予的3个月后，该公司股票已经上涨了50美元，从而使每一位雇员获得了大约1万美元的账面收益。戴尔公司中国分公司的负责人相信，股票期权将会对员工产生极大的激励作用，并将为公司引来更多的人才。

5. IBM公司

1994年4月，IBM公司股东大会批准通过了一个针对其高级管理人员和员工的长期绩效奖励计划。这一绩效奖励计划对符合条件的员工奖励以包括股票、股票期权、股票增值权、现金以及这些奖励形式的组合。此次奖励计划中赠与的股票期权数量共计29105600股，占IBM优先普通股总股本的5%。这之前IBM曾进行过两次股票期权的授予，一次为1989年的长期绩效计划，另外一次为1986年的"元老股票期权计划"。在IBM的股票期权计划中，股票期权的行权价为授予日的市场平均价格，获受人用现金或股票来行权。在股票增值权的行权中，合格获受人不直接买相关的股票期权，而是直接接受现金或股票。该现金或股票的价值为行权当日股票的平均市场价格与股票期权的行权价的差价部分。

技术人员的"负债工作法"

在市场竞争如此激烈的今天，开发新产品是企业生死存亡的大事。无疑，市场开发首先要做的就是产品开发。如何让企业中的技术类员工保持高效率，创出好成果，就成为问题的关键。效率从何而来，海尔集团在摸索中得出了一种卓有成效的方法——负债工作法。

开始的时候，海尔从研究所所长开始，全部采用了项目承包制，月薪被取消了，开发人员的收入只能与产品的销售挂钩，而平时的生活费只算提前支取。这最终是让开发人员按所开发的产品的市场效益拿钱。这办法操作起来是很细的——设计的时间目标：是不是按时完成，有没有拖期；设计的质量目标：一个是在开发过程中，生产中没有不良反馈，并符合标准化通用化；另一个则是市场上对产品质量的反馈。产品上市以后产生了效益，按一定的比例，给从事开发的技术人员提取报酬。

这个办法用了一段时间之后，海尔感到对于技术人员来说，设计之初没有销售额的目标，投产后卖多少算多少，收入只是多一点和少一点的区别，工作压力并不是太大。还得给他们加压。改革又往前进了一步，海尔对技术人员包括项目开发人员和项目组织人员，采用了负债开发——企业给你这么多资源，你要创造出相应的价值，你要按时开发出产品。开发出的产品还要有质量保证和销售额的保证。

比如，一个项目的负债额是10万元，项目成功后，按目标应该达到年产5万台的产量。达到这个目标后按规定应得到3万元。批量投产后，如果一年超过了5万台，就等于完成了负债额，然后在5万元的基础上递增，产量达到6万台时，开发人员就可以得到6万元的收入。假如没有达到5万台的产量、就要按比例倒扣，差2万台，就只能收入1万元了，而此人的负债额就有4万元（总负债额的3/5），这个人以后就必须用开发其他项目把这次的负债额补上。

这就最终把产品开发人员推上了市场。他们的收入只能由市场说了算。所以他们在开发产品时一定要想着市场需要，同时他们还要时刻关注着市场的销售情况。他们不再只是坐在办公室里写写画画，市场上反馈了什么技术问题或难题，马上去帮助解决处理，因为他们非常怕销售受影响。

从开发人员都"负上债"以后，海尔新产品开发速度大大加快，开发周期平均比以前缩短了30天左右，而且新产品上市一个成功一个。从1998年海尔的负氧离子健康空调先于日本一年面世，从而带动了整个空调市场向绿色环保产品转型后，它的绿色产品不断升级，始终走在市场的前面。这正是技术人员"负债开发"带来的。

现在，海尔提出的负债经营的思想已深入到整个集团，认为每一个人的工作都要或多或少地占用企业的资源，因此可以把企业将你管辖范围内的所有资源提供给你作为你的负债，在外部市场效应内部化后，每一个员工都应该追求达到最好的效益，所以你必须通过经营使资源增值。如果达不到，就等于浪费了企业给你的资源，当然就应该自己掏钱索赔。

作为管理者，首先，必须明确自己的负债是多少，外部提供了多少资源你就有多少负债；其次，利用资源和信息共享形成外部创新的空间，让负债人通过创新进行资源再增值，他的收入是增值的一部分；最后，用增值的资源作为完成更高的目标的基础，为自己不断地提供新的资源，激发自我创新的动力。

part 9

高效团队的激励方法

普通人的潜能只开发了2%。

——2014年热播电影《超体》台词

尊重激励法

我们常听到"公司的成绩是全体员工努力的结果"之类的话，表面看起来管理者非常尊重员工，但当员工的利益以个体形式出现时，管理者会以企业全体员工整体利益加以拒绝，他们会说"我们不可以仅顾及你的利益"，或者"你不想干就走，我们不愁找不到人"，这时员工就会觉得"重视员工的价值和地位"只是口号。显然，如果管理者不重视员工感受，不尊重员工，就会大大打击员工的积极性，使他们的工作仅仅为了获取报酬，激励从此大大削弱。这时，懒惰和不负责任等情况将随之发生。

尊重是加速员工自信力爆发的催化剂，尊重激励是一种基本激励方式。上下级之间的相互尊重是一种强大的精神力量，它有助于企业员工之间的和谐，有助于企业团队精神和凝聚力的形成。

"尊重"这个词在企业管理中并不多见，它多数是在论述道德范畴的问题时被提及，因此，更不要说上升到一个重要的位置了。我们所说的尊重，是包括尊重自己和尊重别人，或者称为自尊和尊人。什么是自尊呢？自尊就是自我尊重，表现为人对自我行为的价值和能力被他人及社会承认或认可的主观要求，是个人对自我价值和尊严的追求。自尊既包括对获得信心、能力、本领、成就、独立和自由等的愿望，也包括来自他人的敬重，例如威望、承认、接受、关心、名誉地位和赏识等。尊人，是指尊重他人、社会和自然。这里体现出尊重的二重性，即人不能独立于社会而存在，因而确定了个人与社会的统一性，也就是体现了自尊和尊人的互动性。

人要想得到尊重、得到发展，就必须不断地调整自己和社会的关系，例如社会认识关系、社会实践关系，而其本质就是价值关系。一言以蔽之，如果你不尊重他人，你也不可能获得他人的尊重。

尊重激励作为激励员工的方法，有两个很突出的特点：一是最人性化；二是最有效。企业管理者要注意尊重每一位员工，对待员工要有礼貌，不嘲笑任何一位员工、不轻视他们，尊重员工的人格，认真听取员工的建议，让他们感到自己对企业的重要性。

作为企业的管理者，如何才能真正有效地做到尊重下属呢？日本的管理大师松下幸之助便是这方面的高手。我们来看看他的做法。

有一天，松下幸之助在一家餐厅招待客人，一行人都点了牛排。待他们都吃完主餐后，松下便让助理去请烹调牛排的主厨过来。

助理这才注意到，松下的牛排只吃了一半，心想过一会儿的场面可能会很尴尬。

主厨很快就过来了，他的表情很紧张，因为他知道请自己来的人是大名鼎鼎的松下幸之助。

"有什么问题吗，先生？"主厨紧张地问。

"对你来说，烹调牛排不成问题，"松下说，"但我只能吃一半。原因不在于厨艺，牛排真的很好吃，但我已80高龄了，胃口大不如以前。"

此时，大家都困惑得面面相觑，过了一会才明白这是怎么回事。

"我想当面和他谈，因为我担心他看到吃了一半的牛排被送回厨房，心里会很难过。"

如果你是那位主厨，听到松下先生如此说，会有什么感受？是不是备受尊重？

松下先生的故事带给了我们有益的启示：作为一名企业管理者，你应该尊重你的员工，让他感觉到他在企业中是有所作为的，是能得到上司肯定的，如果你这样做了，那么他就会回报你更多的东西。

通过尊重员工达到激励的目的，要从以下十一个方面做起。

1. 用建议取代命令

很多企业管理者，总以为自己手里有权，就可以在别人面前指手画脚，发号施令；就可以对手下人颐指气使，呼来唤去；就可以靠在软绵绵的椅子里，指挥手下去干这个，去干那个。其实，没有人会喜欢这种命令的口气和高高在上的架势！

有些企业管理者总以为自己是管理者就有权力这么做。可是，你要明白，尽管你是管理者，他是小职员，但是，在人格上你们两个是平等的。所不同的，只不过是你们的分工不同，职务不同，而不是在你和他个人之间存在着什么高低贵贱的区别。就算是"管理者"比"下属"具有更多的权力或是其他什么，那么也是由"管理者"这个职务带来的，而不是你自身与生俱来的！

所以，作为企业管理者，如果想让下属用什么样的态度去完成工作，自己就应该用什么样的口气和方式去下达任务。

在日常的管理工作中，管理者应该多用"建议"，而不是"命令"。这样，你不但能使对方维持自己的人格尊严，而且能使人积极主动、创造性地完成工作。即便是你指出了别人工作中的不足，对方也会乐于接受和改正，与你合作。

有一个员工这样说自己的管理者：他从来不直接以命令的口气来指挥别人。每次，他总是先将自己的想法讲给我听，然后问道："你觉得，这样做合适吗？"当他在口授一封信之后，经常说："你认为这封信如何？"如果他觉得助手起草的文件需要改动时，便会用一种征询、商量的口气说："也许我们把这句话改成这样，会比较好一点。"他总是给人自己动手的机会，他从不告诉他的下属如何做事；他让他们自己去做，让他们在自己的错误中去学习，去提高。

可以想象，在这样的管理者身边供职，一定会让人感到轻松而愉快。这种方法，维护了下属的自尊，使他以为自己很重要，从而希望与你合作，而不是反抗你。

迈克尔·约翰是一家小厂的高层管理者。有一次，一位客户送来一张大订单。可是，他们工厂里的活已经安排满了，而订单上要求的完成时间，短得使他不太可能去接受它。

可是这是一笔大生意，机会太难得了。迈克尔·约翰觉得很矛盾。但他没有下达命令要工人们加班加点地干活来赶这份订单，而是召集了全体员工，对员工们解释了具体的情况，并且向他们说明，假如能准时赶出这份订单，对他们的公司会有多大的意义。

"我们有什么办法来完成这份订单呢？"

"有没有人有别的办法来处理它，使我们能接这份订单？"

"有没有别的办法来调整我们的工作时间和工作的分配，来帮助整个公司？"

工人们提供了许多意见，并坚持接下这份订单。他们用一种"我们可以办到"的态度来得到这份订单，并且如期出货。

迈克尔·约翰的这一招很高明。他没有直接下达死命令，让员工们一定要在有限的时间里完成任务，而是充分地尊重下属，把他们召集起来，调动他们的积极性，激发他们的潜能，让他们去接受命令，主动地接受，而不是被动，把"要他做的事情"，变成"他要做的事情。"

所以，如果你要向下属下达命令，让他们做你想要他做的事或是要他改正错误，那就避免使用"命令"的口吻，不妨试试"建议"的方法。

2. 把员工作为合作伙伴

企业是由其成员组合而成，企业的所有者、总经理与员工，在人格上是平等的，在工作上只是扮演的角色不同而已，离开谁都难以成事。因此，员工是管理者的工作伙伴，应以"同事"来称呼他们，这不仅仅是称谓的问题，更重要的是尊重的问题。

3. 对员工说话要有礼貌、客气，避免采用命令式的语气

管理者不能对员工指手画脚，甚至犯点小错误就横加指责。要公平对待每一位员工，不能对性格内向的员工多加指责，即使在自己心情很差的情况下，也要心平气和地对待每一个人。在工作中，管理者对员工应该肯定多于批评，员工在被肯定之后会有更多的工作热情及创新。不可以乱骂员工，每一次责备都会使他们萎缩一次。有更多的自我期待，就会有更多的自我表现。美国科学家富兰克林说过："人总是向被肯定的方向求发展。"所以，尽量以建议来代替批评，效果会比较好。

4. 对员工一视同仁

身为团队领导的你不应被个人感情所左右。不要在一个员工面前，把他与另一个员工的工作相比较，也不要在分配任务和利益时有远近亲疏之分。而且你对每个人说话的语气要公平一致。这意味着，每一个人，包括你自己在内，都要遵守工作标准，在你的团队里，恐吓与歧视是被禁止的。当你有求于部下时，应该尽量避免以命令的口吻，应该抱着咨询的口吻去谈。同样是"你去做这件事"一句话，由于语调的不同，给人的感受就会有很大的差别。对于领导的谦虚，敏感的下属不会浑然不觉的。

5. 尊重员工的私人时间

在许多公司里，大家下班后都不愿很快离开，有些人即使下班后没有事做也要在办公室里多留一会。当自己一天的工作没有完成时应该留下来做完，但没有事情也留在办公室里，表现出一种以公司为家的样子，这是和企业老板的喜好有关的。其实，作为企业的管理者一味地要求员工有着同等的工作热情，总是希望员工们加班（因为老板就是这样），希望员工晚上带工作回家做（因为老板就是这样），还希望员工可以为了工作牺牲家庭（因为老板就是这样），甚至希望员工能将工作视为生命的重心（因为老板就是这样）。是的，身为企业老板当然要以身作则，树立典范，但是不要忘了，以身作则并不代表要以此暗示员工，要求他们做到你所"示范"的每一项事务。大部分员工都希望享受工作，有很高的工作效率及很大的贡献，能力受到肯定，得到应得的薪水；而下班之后他们也可以暂时忘掉工作，享受家庭的温馨，与三五好友聊天，参与某些活动，他们不希望一天24小时时时挂念着工作。企业老板、管理者应该尊重员工这个人性的需求，在下班后要求员工工作上的事项尽可能避免，如无法避免也应以麻烦别人的心情和员工来商量。这样做，既能完成工作任务，又能达到激励员工的目的。一举两得，何乐而不为呢。

6. 尊重和包含差异

在我们的工作场所，总是充满形形色色的人，即有各种背景的人、有各种性格的人、有不同生活经验的人，管理者应尊重个别的差异并找出共同点。当员工选择一种生活方式时，作为员工的领导，可以内心不认同，但没有权力去贬低别人，管理者要学会接受别人与自己的不一样。一个好的企业文化是能包含不同个性，塑造共同价值观的文化。人人生而不同，但对工作都会有独特的贡献，身为企业管理者，要学会用不同的方式管理不同的人，切不可只用一种人，用一种方法来做事。要承认人的最大特点是人与人之间存在差异，克服自己的偏见，这样才能使公司更和谐，也更具效率。

7. 尊重员工的才能

当员工在工作上犯错误后，管理者不能用藐视的语气加以指责，特别是对待毕业后刚参加工作的年轻人，更不能嘲笑他们，要多给他们以鼓励，让他们积极地投入到工作当中。

8. 尊重每位员工的贡献

无论这些贡献是大是小，是多还是少，都不应该忽视他们对团队所做出的奉献。打扫工作区环境卫生的保洁员，或是修理机器小部件的修理工，他们都是团队取得成功的必不可少的一部分，要让他们感觉到自己的劳动很重要，给予他们认同感。

9. 尊重员工的不同意见

当员工提出自己的意见时，要认真听取，让员工觉得领导是可信任的，对组织有归属感。人才流动的频率高不高，好的人才能否留住，也是某些企业考核管理者业绩的标准之一。管理者不能因为部下的工作能力比自己强就把人拒之门外。

企业管理者不愿听取员工意见的大致原因是认为员工能力不足，意见不具备参考价值。其实这种想法是错误的。员工能力较你弱或许是事实，但并非他的每个意见都不高明，有些意见可能对方案有补充作用，或者可以通过这些意见本身了解下属在执行中会有什么心态及要求。总之，无论从哪个角度讲都有必要认真倾听员工的不同意见，因为一个人考虑问题不可能十全十美，况且，就怎样做成一件事来说也很少有标准答案，我们要的是结果，如果大家齐心协力共同完成一个任务，这不是很开心的一件事吗？

10. 尊重员工的人格，不开与员工人格有关的玩笑

对残疾人，或者是在对身高、长相、视力等生理方面有缺陷的人不能当众、背地里取笑。一个管理者能否恰当地运用尊重激励法，是他修养素质的体现。为人谦逊、随和、低调、有礼貌是管理者必备的素质修养，无论管理者的权力、学历、职位多高，也要靠自己的团队协作，单枪匹马是不可能做好工作的。所以管理者一定要尊重员工，这样才能促使他们积极思索，锐意进取。

11. 尊重员工的选择

员工有选择工作的自由，不可将员工的辞职视为背叛。员工选择了来公司工作，那么帮助他们个人成长就是你应尽的义务；切不可把员工的成长当成你施恩的某种结果，并要求员工不断地给予回报，这实际上是典型的封建君臣思想的体现。作为管理者，你需要的是接受员工的选择，对员工的离职完全可以做到"人走茶不凉"。

"山和山难相连，人和人常相逢"，企业管理者是否有雅量可以从对待离职员工的态度中展现。

情感激励法

情感激励是从员工的感情需要出发，通过情感上的关心、尊重、信任来满足员工精神上的需求，从而激发员工的工作热情。一般来说，人的情感决定了人的价值取向和心理强度。"滴水之恩，当涌泉相报"是我们中华民族的传统美德，"投桃报李"更是人之常情，而员工对领导的情感需求又很容易得到满足，有位员工对他的同事说："我今天在路上遇到了总经理，他居然主动跟我打招呼，而且还叫出了我的名字，我真是太感动了！"其实，员工对领导的要求就是这么朴实，这么简单！

企业要蒸蒸日上，就一定要在控制人心上下工夫，以我心换你心，以爱心换诚心，以真心换忠心，只要员工和企业一条心，还有做不到的事情吗？

在当今社会，企业管理者不但要做员工的上司，管理他们，下班之后还要成为他们的朋友，成为他们的伙伴，与员工们共同分享成功的喜悦，生活中的欢乐。如果不假思索地拒绝，就会降低自己的威信。

"李科长，今天我们科里的同事约好一起去市工人文化宫舞厅，庆贺小高夜大毕业，请您一起参加好吗？"科员小赵笑容可掬地对李科长说。

"哎呀，我可不会跳舞，免了吧。"李科长也笑容可掬地说。

后来，李科长陆续接到了几次类似的邀请，但都拒绝了。自此，李科长再没接到过诸如此类的邀请。本来，他也没把这事放在心上。他还以为下属们没再搞过类似的活动呢。但有一天，当他来到一家酒楼喝外甥的喜酒时，意外地发现下属的科员正团团圆圆坐成一桌，又吃又喝，又说又笑。当发现了邻桌的李科长时，彼此的神情都非常尴尬。

李科长这才想起，科员们这些日子以来同自己一直是疏远的。有时，他明明听到办公室里人声鼎沸，正在热烈地讨论什么事情，但只要他一跨进去，立刻变得鸦雀无声。即使上班时间未到，每个人也都正襟危坐在自己的办公桌前，不苟言笑。他有时也想说些亲切的话，把气氛搞得轻松点，但回答他的总是一张张讪讪的笑脸。

李科长不明白，但其实问题就出在他总是拒绝参加下属的那些活动上。首先，他没有明确地表示应该去和很想去。其次，也没有提出充分的理由说明他为何不能去。他只说不会跳舞，这显然是个借口。要知道，下属让你参加一次"活动"，并不一定要你跳舞，更没有要求你会跳舞。"不会跳"，可以不跳，或者学着跳，却不应成为"不去"的理由。所以，下属们便以为你在摆架子，认为你在强调自己的地位和他们不一样，不屑与他们同乐。自然，他们也就不会再有和你亲近的感觉和愿望了。你虽是他们的上级，但他们都对你敬而远之。

事实上，李科长那个部门的科员后来曾不止一次地搞过活动，但都是瞒着李科长的——也免得他又要找借口。说不定他拒绝参加还意味着压根儿反对这种活动呢。这就是李科长与他的下属疏远的原因。

作为企业的管理者，参加下属的活动是接近和了解他们的绝好机会，也是联络感情的好时机，千万不要错过。在酒席上、舞厅里，你可以听到许多平时绝对听不到的话；下一盘棋，跑一次接力，与下属联络感情的作用也可能远胜于一次谈话或家访。一个与下属在感情上有隔膜的、对下属情况又不甚了解的领导，无论如何是不会真正有威信的。至多，也是有威无信罢了。

当然，不是说下属有活动就一定要参加。但你必须把不能去的理由向下属说明。对于那些不健康的活动，比如说赌博，就要劝阻下属杜绝这种活动。

还有一点也须注意，领导参加下属的活动，必须自掏腰包，以表示自己是普通一员。活动中也要放弃指挥的习惯，让下属充分发挥。有时候，装装"小三子"，会大有好处。

据说某位专职训练马拉松选手的教练为了照顾选手，不惜将自己每个月的津贴拿出来贴补选手们，不仅如此，他还将自营的工艺店的大部分收入及演讲费等，投资在选手身上。

就此看来，与其说他们是师徒关系，不如说是站在同一条线上，为了同一目标而努力的伙伴。在这些选手的心目中，教练不但是他们的伙伴，也是盟友。

从点滴做起，付出一点感情，注意一些小事情，让员工们在不经意间感受到管理者对自己的关怀，这是善于激励员工的管理者的共同特点。

作为管理者，应该多花一些精力去关心一下你的下属。例如，下属大病初愈头一天来办公室上班，难道领导对他的到来会面无表情、麻木不仁，不加半句关切询问，没有一句问候的话语吗？

一些小事足可以折射出管理者的品质，员工会通过一些鸡毛蒜皮的小事，去衡量评判领导的为人。小事往往是成就大事的基石，这两者之间是相互联系，相互影响，相辅相成的。管理者要善于处理好这两方面的关系，使两者相得益彰。

其实，只要时刻抱着关爱员工的信念，你就会发觉，一切都可能是你获得员工信赖和支持的途径。

1. 留意节日与员工的生日

节日庆祝与生日礼品不仅仅意味着对员工的关怀，还可以调剂工作氛围。在传统节日到来的时候，可以依据节日内容的不同搞一些适当的活动，如春节的红包、儿童节时送给员工孩子的礼物、中秋节的月饼，等等，将关怀一点一滴地送出。

现代人都习惯祝贺生日，生日这天一般都是家人或知心朋友在一起庆祝。聪明的管理者善于"见缝插针"，使自己成为庆祝的一员。有些管理者惯用此招，每次都能给下属留下难忘的印象。或许下属当时体味不出来，而一旦换了领导有了差异，他自然而然地会想到你。

2. 关注员工的健康状况

对员工健康状况的关注已不仅仅局限于"医护室"的设立，很多知名企业为本公司员工聘请专业的健康咨询公司，其任务就是定期检查员工的身体及精神健康状况，为每个员工量身订制健康计划，从举办健康讲座到公司全员的健身计划。有些企业还与健康中心或当地的健康俱乐部联系，为员工的个人健身提供便利。

3. 下属住院时，亲自探望

一位普普通通的下属住院了，他的上司亲自去探望时，说："平时你在的时候感觉不出你做了多少贡献，现在没有你在岗上，就感觉工作没有了头绪、慌了手脚。安心把病养好吧！"结果，这个下属感动不已，出院后十分卖力，为他的公司创造出更多的业绩。

有的管理者就不重视探望下属，其实下属此时是"身在曹营心在汉"，虽然住在医院里，却惦记着领导是否会来看望自己，如果领导不来，对他来讲简直不亚于一次打击，不免会嘀咕："平时我干了好事他只会没心没肺地假装表扬一番，现在我即使死了他也不会放在心上，真是卸磨杀驴。没良心的家伙！"

4. 不要忽视工作餐

午餐对于员工来说，是一日三餐中最重要的。很多员工早上吃早餐匆匆忙忙，晚上可能还要加班，将晚餐时间拖后，所以午餐的营养如何对员工的身体健康来说至关重要。现在很多公司都为员工提供免费的工作午餐，有的公司将午餐外包，有的公司设有专门的配餐部门，但无论是哪些形式，公司领导对午餐的营养搭配、品种选择都要予以关注。必要的时候，应该请专门的营养师进行营养调配，当然，有个性化的营养摄入指导是再好不过的了。

5. 保证员工的工作安全

强调安全工作是对员工生命的尊重和关心，光在口头上空谈安全的重要性是远远不够的。安全信息必须不折不扣地传达到一线并设立规章制度并确保执行。一般来讲，一线领导对于安全责任制度应予以明确。"人"才是公司最宝贵的财富，当工作效率与安全问题发生冲突时，要坚持安全第一的指导思想。

6. 提供舒适的工作条件

员工选择工作团队的时候，工作条件是否舒适是重要的参考因素之一。办公地点的选择，办公环境的布置，上下班班车舒适与否，员工专用停车位的设置等都是员工所要考虑的因素。在公司的某个角落设一个小小的吧台，柔和的灯光下可以看看新近的杂志，对于员工来讲绝对是很大的诱惑。其实大多数的员工对工作都怀有一点小小的虚荣，很多公司在招聘过程中突出工作条件的优越，也是抓住了大家这样的一个心理。

7. 关心下属的家庭和生活

家庭幸福和睦，生活宽松富裕，无疑是下属干好工作的保障。如果下属家里出了事情，或者生活很拮据，领导却视而不见，那么对下属再好的赞美也无异于假惺惺。

有一个电子公司，职员和领导大部分都是单身汉或家在外地，就是这些人凭满腔热情和辛勤的努力把公司经营得红红火火。该公司的领导很高兴也很满意，他们没有限于滔滔不绝、唾沫横飞的口头表扬，而是注意到员工们没有条件在家吃饭，吃饭很不方便的困难，就自办了一个小食堂，解决了员工的后顾之忧。

当员工们吃着公司小食堂美味的饭菜时，能不意识到这是领导为他们着想吗？

8. 避免一切歧视

员工可能来自于四面八方，个体上存在着差异，而且，对于每个人来讲，都有自己的优势，也都存在着自身的劣势。作为团队管理者，要着重强调对于歧视行为的否定，一旦发生，要严格予以批评。否则，将会为此付出员工离职的代价。工作中的歧视一般会发生在口音、身高、体重、皮肤、教育背景、居住地区、婚姻状况、人际关系、口头语等。不要因为这样的歧视行为而吓走或赶走优秀人才，一旦发现这种情况，团队管理者要立即采取果断措施来清除歧视，并明确表示给相关人"呐喊"：这样的歧视是绝对不容许的。

9. 抓住欢迎和送别的机会表达对下属的关心

调换下属是常常碰到的事情，粗心的管理者总认为不就是来了个新手或者走个老部下吗？来去自由。这种思想很不可取。

善于体贴和关心下属的管理者与口头上的"巨人"的做法也截然不同。当下属来报到上班的第一天，口头上的"巨人"也会过来招呼一下："小陈，你是北大的高才生，来我们这里亏待不了你，好好把办公用具收拾一下！"

而聪明的领导则会悄悄地把新下属的办公桌椅和其他用具收拾好，而后才说："小陈，大家都很欢迎你来和我们同甘共苦，办公用品都给你准备齐全了，你看看还需要什么，尽管提出来。"

同样的欢迎，一个空洞无物，华而不实；另一个却没有任何恭维之词，但管理者的欣赏早已落实在无声的行动上，孰高孰低一目了然。

下属调走时，彼此相处已久，疙疙瘩瘩的事肯定不少，此时用语言表达领导的挽留之情很不到位，也不恰当。而没走的下属又都在眼睁睁地看着要走的下属，心里不免想着或许自己也有这么一天，领导是怎样评价的呢？此时领导者如果高明，不妨做一两件让对方满意的事情以表达惜别之情。

罗马不是一天建成的。任何事情的发生并不是偶然的。在人的精神世界，那些最大的波澜，最响的雷声，往往是由最细微的行动引起的，这就需要管理者从平常的一点一滴做起，从小处着手，用心去做好每一件小事才能达到"润物细无声""四两拨千斤"的效果。如果管理者能够在许多平凡的时刻，经常用"毛毛细雨"灌溉员工的心灵，用情感激励员工，他们定会在感动中为企业打拼。

10. 协助员工搞家务

北卡罗来纳州的威尔顿·康纳包装公司雇用了一位有经验的工人，专门协助员工搞家务：粉刷油漆房屋、疏通下水道，甚至加建房间等。所有这些服务项目都只收材料成本费。

11. 照顾员工的家人

愈来愈多的公司认识到，为员工提供对孩子和老人照顾非常重要。有些先进的公司，例如兰堪斯特实验室、宾夕法尼亚制造商和加利福尼亚制鞋商都在厂内设立托儿所。

12. 为员工的孩子们付学费

纽维尔公司为工作5年以上的员工的孩子们支付大学学费。公司总裁理查德·弗兰克说："如果我们减少了员工对孩子大学学费的担忧，他们就会更集中精力，生产力也会提高。我们重视员工，这是把他们留住的好办法。"

13. 飞机取的都是员工孩子的名字

关怀员工的家庭是赢得他们人心的重要方法。联邦快递公司曾用员工孩子的名字来命名公司的飞机。当这架飞机举行命名典礼时，公司让孩子全家一起参加飞行。

14. 鲜花的力量

德尔塔航空公司的总部办公室在员工生病或家中有丧事时会送上一束鲜花以示慰问。另一家艾奥瓦州德蒙因城的汤赛工程公司是一家肉类加工机械制造厂，所有员工每年都能给亲友和情人送去价值50美元的鲜花，其费用由公司支付。

15. 弹性工作制

由于家庭和个人的需要，越来越多的员工不愿意再按照传统的工作方式进行工作。企业管理者要懂得体贴员工的这种苦衷，除了上述几种方法外，还可以实行富有弹性的工作制度，满足员工个人需要，使之更好地发挥自身的作用。

所谓弹性工作制，就是员工们在确保完成工作任务的前提下，有更多的可供自己自由支配的时间和更大的工作灵活性。弹性工作制的好处很多，它可以使员工能够互相兼顾家庭、工作，并使员工工作的积极性和服务态度都能得到明显的改善。

这一做法的好处在于，员工如果得到企业管理者的支持越多，那么他对企业的忠诚度也就越高，愿意为企业付出的也就越多，尤其在优秀人才成为"香饽悖"的今天，懂得体贴员工的苦衷将使员工和企业保持和谐的关系，为员工充分发挥自己才华创造了一个良好的环境，成为企业管理者更好的激励员工的一个有效手段。

16. 要摸清下属的基本情况

管理者要时常与员工谈心，关心他们的生活状况，对生活较为困难的下属的个人和家庭情况要心中有数，要随时了解下属的情况，要把握下属后顾之忧的核心所在，以便于对症下药。

17. 管理者对下属的关心必须出于一片真心

管理者必须从事业出发，实实在在、诚心诚意，设身处地地为下属着想，要体贴下属，关怀下属，真正地为他们排忧解难。尤其是要把握好几个重要时机：当重要下属出差公干时，要帮助安排好其家属子女的生活，必要时要指派专人负责联系，不让下属牵挂；当下属生病时，领导要及时前往探望，要适当减轻其工作负荷，让下属及时得到治疗；当下属的家庭遭遇不幸时，领导要代表团队予以救济，要及时伸出援助之手，缓解不幸造成的损失。

18. 管理者对下属的帮助也要量力而行，不要开出实现不了的空头支票

管理者分担下属的困难要本着实际的原则，在力所能及的范围内进行。帮助可以是精神上的抚慰，也可以是物质上的救助，但要在公司团队财力所能承担的范围内进行。

对于困难比较大的下属，要尽量发动大家进行集体帮助，必要时可以要求社会伸出援助之手。同时，管理者还要处理好轻重缓急，要依据困难的程度给予照顾，不能"撒胡椒面"搞平均主义，要多"雪中送炭"，少"锦上添花"。

现代社会工作压力大，员工流动频繁。安稳的生活环境和安定的家庭成了员工安心工作的保障。大多数员工的内心中都求安惧变，因此，团队管理活动必须顺应员工的这一心理，领导要让下属感到安稳，要做到这点，就必须帮助下属解决他们的后顾之忧。

关心下属，解决下属的后顾之忧是调动下属积极性的重要方法。如果你是这样一位企业管理者，不仅受关心的人会感激不尽，还会感动其他的员工。作为一位企业管理者，自己要对职工关心施爱，这样做特别有利于自己团队力量的凝结。

赞美激励法

在生活的点滴中，每个人在一定的环境下都有赞美、鼓励他人，抑或自己成为被赞美被鼓励对象的经历。赞美，在对方做出某一事情取得成果时我们加以肯定表扬，有再接再厉再创佳绩的勉励的意思；鼓励，在对方受到挫折不如意时，我们给以支持，给以力量，让其树立自信相信自己，以帮助其渡过难关。

南非有一个古老的小村庄叫巴贝姆村，这个村里保留了一个古老的传统，那就是当有人犯错误或做了对不起别人的事情的时候，这个村里的人对他不是批评或指责，而是全村人将他团团围住，每个人一定要说出一件这个人做过的好事，或者是他的优点。村子里的每个人都要说，不论男女老幼，也不论时间长短，一直到再也找不出他的一点点优点或一件好事。犯错的人站在那里，一开始心里忐忑不安，或怀有恐惧、内疚，最后被众人的赞美感动得涕泪交流。众人那真诚的赞美和夸奖，就如一服良药，洗涤掉他的坏念头和坏行为，使他再也不会犯以前犯过的错误。赞美是人际关系走向融洽的法宝之一，人人都需要赞美。

"人人都喜欢称赞"。美国历史上的伟大总统林肯曾这样说："人类本质里最殷切的需求是渴望被人肯定。"美国口才学家威廉·詹姆士说："人性最深刻的原则，就是恳求别人对自己加以赏识。""美国钢铁公司"首任总裁夏布曾说："促使人将自身能力发展到极限的最好办法，就是赞赏和鼓励。"他同时还指出："来自长辈或上司的批评，最轻易丧失一个人的志气，我从不批评他人，我相信奖励是使人工作的原动力。所以，我喜欢赞美。假如说我喜欢什么，那么就是真诚慷慨地赞美他人。"称赞是激励员工工作的动力，哪怕只是一句简单的赞语，都会使人感到无比温暖。

美国年利润高达6亿美元的玫琳·凯化妆品公司经理说过这样的话："有两

件东西比金钱和性更为人们所需要——认可和赞美。"的确如此，金钱可以调动员工的积极性，但赞美在这方面则表现得更为有力。

每一个人都有自尊心和荣誉感，当老板赞美员工时，不仅使他感到他的价值得到了承认和重视，同时也使他的自尊心和荣誉感得到了满足，从而使员工产生一种积极进取的精神。他们会以加倍的热情努力工作。这也正是公司和企业所梦寐以求的效应。

有些管理人员在管理过程中对"赞扬员工"有着一种担心。他们认为赞扬个别员工会使他们自我陶醉，滋生懒惰，不思上进。同时也怕其他员工在背后议论，说他们对员工不能一视同仁，对员工不平等。其实这种担心是多余的。每个人都渴望得到赏识，得到赞美，无论是身居高位还是地位卑微，也无论是刚入公司的小青年，还是即将退休的老员工，概莫能外。

在人们的眼里，上帝算得上是人之精华了，但他同样需要人们的赞美。赞美能使百年冤仇顷刻顿消，赞美能使古板呆脸增添笑容。在人们普遍地希望能得到别人的赞美，对于赞美他的人，自然也就容易接受。在人们希望能得到别人的赞美时，担心是可以完全打消的。被赞扬的员工不但不会骄傲，反而会为受到赞扬而更加努力。

赞美是需要发自内心的、真诚的。当然还有最根本的一点，就是要基于事实，切莫虚夸、枉夸。老板赞扬员工，一定要在员工的工作成绩达到该赞扬的程度时才赞扬。只有这样，员工才会产生无限的喜悦和神圣的使命感，感到自己得到应有的承认，因而更加努力地去工作。

赞美或赞扬的价值在于真诚，即是说它不需要廉价地拍卖。不要以为赞扬便是"灵丹妙药"，包医百病。在员工没有好的表现和成绩时，你认为随便对其施加一通赞扬，员工便会信以为真而激发工作热情吗？很显然，若一开始他们还有所顾虑的话，他们很快就会不理睬你的话。因为他们认为你在搞阴谋，刻意讽刺。这是会影响老板在员工中的形象和权威的。

赞美源于事实。没有事实根据，虚无的赞美不仅不能起到激励作用，反而会让员工不信任你。管理者一旦有虚无的赞美，会让员工感到上司是伪君子，使员工产生被捉弄感。在赞美时，语言要发自内心，这是很严肃认真的，不能给人以造作感和过于随意感。如果老板在赞美员工时漫不经心，一边读报、喝茶，一边说着几句赞美的话，不但不会起到赞美的效果，反而会引起员工的反感，认为你是在敷衍他，对他不尊重。久而久之，即使当你严肃认真去赞美员工时，员工也会不在乎和不理睬。"人不畏惧倒下，但最怕人格和威信再也树不起来。"而人格和威信的"倒地"就在不经意的琐碎事中。因而，赞美不能不关痛痒，赞美更要显出真诚。

另外，以非常公开的方式对单独一个人进行表扬，会使赞美的效果更加显著。一位国外的企业家说："如果我看到一位员工杰出的工作，我会很兴奋，我会冲进大厅，让所有的其他员工都看到这个人的成果并且告诉他们这件工作的杰出之处。"这位企业家发现员工的成果及时给予表扬，并示之以大家的做法，会使其他的员工暗暗憋上一股劲，你追我赶，你赶我跑，形成良好的工作氛围，使整个企业在一件小事上得到最大的受益。相反的，老板如果不对员工进行公开表扬，只是私下对这名员工说："你干得很好，我很满意。"也许暗暗努力的只有这名员工自己，其他人根本就不知道怎么回事，自然起不到激励其他员工的作用。

一般人都尊重领袖，自己内心也有一种领袖感。企业里的每位员工都是愿意"脱颖而出"的，老板们当众进行表扬是让他们"出"，有了成绩的员工被表扬，就等于在公司中树了一个榜样。

公司应该以定时的表彰大会和随时的现场表扬相结合的方式，对工作优秀、有突出成绩的员工给予定时或及时的认可和赞赏，并在适当的情况下加以奖励。就表彰的形式而言，应该以个人的表彰为主。尽管有时成绩是集体努力的结果，但赞美最好是个别的，只有这样才能更大程度地激发员工们的热情，发挥他们的创造性。在表彰之后的员工闲聊中，管理者会发现，大家所讨论的焦点往往是优秀个人，而对集体只是在吹捧中才派上用场的。因此，赞扬不仅要公开化，赞美还要具体化。

赞美的目的是通过满足员工的自尊心和荣誉感，从而激发员工的积极性和创造性。但在表扬和称赞时一定要根据具体的情况来选择语言，采取不同的赞美方式。

曾任卡内基钢铁公司董事长的高级经营家查尔斯·施瓦普就说过："我很幸运地具有一种唤起人们热忱的唯一有效的方法，就是赞美和奖励。没有比受到上司批评更能扼杀人们的积极性的了。我决不批评人，而是激励人自觉地去发挥他的作用。嘉许下属我从不吝啬，而批评责备却非常小气。只要我认为某人出类拔萃，就会由衷地给予赞美，并且不惜拿出所有的赞词。"

1. 赞美是一种兴奋剂

赞美启发人的内在动机，激发人的内在动力，增强人的自身活力。这是一种由外在动力转化为内在动力的很好形式。

2. 赞美具有催化作用

任何单位要推动工作进步，都必须调动起人们你追我赶的竞争热情。自然，所谓竞争不一定就是有形的、外在的，重要的是内在意识。而要想发挥团队的竞争优势，就必须运用赞美这个手段，向所有有进步、有贡献的人，或是与你真诚合作的人，哪怕是在某一个很小的方面，也要由衷地献上你赞许的语言、肯定的评价、真诚的鼓励，这会催动人们想再次听到赞美的欲望，作为反馈信息，强化人的后继行为。

3. 赞美具有评价功能

它使自卑者鼓起勇气，使游移者确定方位，使盲目者找到目标，使软弱者坚定意志，使成熟者强化自身。赞美的评价作用，要求人们把赞美的着力点放在赞美对象的不同状态中的不同特点上。

4. 赞美可以使人扬长避短

每个人都有自己的优势、特长。管理者对员工进行赞美激励，这种正面强化可以使员工增强自己的优势动机，发挥扬长避短的作用。

5. 赞美和行动成正比

评价越快，进入行动越早，赞美越有速度效益。

6.赞美使人的偶然行为变成持久的行动

人对自己的优势、特长，包括许多具体细微的长处和特点，并不都是很清楚的，而且有些优势、特长还可能处在萌芽阶段。管理者一旦发现便予以肯定，这就起到了提示对方增长优势、扩大特长的作用。通过多次地反复地赞美激化，人的外在行为会变成内在素质，产生持久的行动。

对别人的有益行为进行毫不吝啬地赞美，抓住周围每个人的优势、特长，为人们提供精神动力，这无形中要求管理者要深刻了解下属和群体的尽可能多的优点和长处。管理者在自己的工作中，要用好这个激励的"驱动器"，把赞美普及到每个员工身上。

对一个人进行表扬、称赞都是因为他在某方面令人满意，虽然这一点相同，但赞美很有讲究，具体是哪一方面值得赞美，在什么地点进行赞美，对谁进行赞美，这许多的差异，便要求管理者熟练地掌握赞美的语言。

1. 赞美什么

赞美一个人，当然是因为他有出色的表现，但是出色在哪一方面却有所不同，有的人在本职工作中表现突出，做出了出色的成绩。而有的人会在本职工作以外有突出的专长和表现。对这两种情况，称赞和表扬应该有所不同，对于本职工作有突出表现者，管理者对他的成绩进行表彰，会使他更努力于本职工作，并且使他对自己的成绩有成就感，一般情况下，可以起到比较好的效果，但是对于工作以外的成绩，赞美便要慎重一些。

有的管理者对于工作以外的才能表现突出的员工，会这样赞美："你来做现在的工作，真的走错了路，做那份工作会更适合你的，你在这方面懂的真多呀。"这种赞美无异于给员工下了逐客令，很容易让人认为你在暗示他不适合于现在的工作，这对员工的伤害更大。

但如果你说："想不到你还是个多面手！本职工作做得好，其他工作也烦你代劳了！"这样，员工就不会敏感地联想到上司赞美的所谓言外之意，也便不会造成彼此间的误会。可见，同是赞美一个人，同是赞美其工作以外的才能，表达不同，效果便会大异。

2. 赞美的场合

赞美，可以有公开的表扬夸赞，也可以有私下里进行的鼓励和肯定。但在现在的社会，在众人面前大加夸赞，也会给"榜样"带来一些麻烦和困扰，使赞美的作用适得其反。

但是，现在有很多领导往往有一种误解，以为在众人面前赞美员工，他必定会心存感激。当然，在众人面前指责员工，会使他难堪，是不当的。但赞美有时也是不当的，作为管理者，必须认识到这一点。

在众人面前过分赞美某员工，会带来很多不便。对于被赞美的人，经常会感到不安，而其余的人，会产生妒忌，你的赞美越多、越重，他们的妒忌会越强烈。如果你的赞美有些言过其实，会使他们鄙夷你，直到怀疑你所赞美的是否属实。

聪明的员工在被当众赞美时，通常会说声"谢谢"便及时离开了。与其说他是害羞，倒不如说他是不习惯周围人妒忌的目光。

因此，在众人面前赞美他人，必须注意两个问题：①是否会令赞美的人产生不必要的困扰，比如周围人的妒忌等。②赞美是否恰到好处？比如你要考虑赞美的是否实事求是。

3. 暗中赞美

赞美员工时应该注意不要在众人面前大加宣扬。当着被赞美人的面，不要当众给他造成不安。那么，你可以在他不在场的时候，当着他的个别同事的面对他加以赞美吗？这种"暗中赞美"也是不可取的。毕竟，竞争意识人人都会有的，人总是不自觉地和他人进行比较，所谓的优越和自卑也就因为这样的比较而产生。因此，虽然不在大庭广众下称赞某个人，而是在个别职员面前赞美他的同事，由于此种竞争意识和比较，后果也是非常不好的。

所以，在你要赞美的人不在场时应有所考虑，照顾一下在场人的颜面和心理感受。如何才能照顾得周到呢？

这的确是一件不容易的事。最好的办法，与其给自己找不必要的麻烦，倒不如不要这样的赞美。你只要做到心里有数，对于当场者给以适当的慰勉，未尝不是件令人高兴的事。

因此，作为管理者，应该避免对于不在场的人进行赞美，尤其不能将在场者同不在场者进行比较，褒扬不在场者，直接或间接地指出在场者的不足，这对于各个方面都没有好处。

4. 赞美新员工

新员工刚开始工作，他往往会从你的话里来估计你对他的印象及评价。因此，你此时的赞美对他工作的开展至关重要，他会因为你的赞美而增添许多自信，因你的肯定而增加工作的热情。当新员工的工作比较令你满意时，你会进行赞美。这时，往往你会戴上一副"有色眼镜"，赞美时总要带上一点特定的词，比如"新人怎样""新人如何如何"。这两个"新人"，会让新人有一种很不自在的感受。

因为总是以"新人"称呼他们，使他们有一种不受器重的感受，自然很伤自尊心和积极性。另外，管理者如果忽视了他们的个性，抱着新员工本应如此的心态，便会令这些人反感。

为了做好对新员工的赞美，要遵守三个原则：①要意思单纯，不要让大家误会你的意思。②赞美要就事论事，要做具体的赞美。③赞美必须是从善意出发。

王杰刚到一家公司，工作认真负责，努力进取。经理对他的表现非常满意，对他说："现在的年轻人大部分责任心不强，不思进取，而你和他们不同，好好努力吧。"这样一句赞美的话，很容易会使王杰有这样一些想法："如果我干的稍有点不好，经理肯定会说，现在的年轻人怎么都不行。"无形中，王杰就背了一个思想包袱。

另外，赞美的内容表达得不宜太抽象，否则，不但使下属费解，而且常会使下属误会其中的意思。

参与激励法

参与激励，是为了提高员工工作积极性、主动性，采用各种方式让员工参加企业的决策和管理的一种激励方式。

实施参与激励，要求企业的管理者和员工对企业内部的情况全面了解，双方都采取政策公开，意见公平的原则。这种方式特别重视个人的自尊心和激发个人的潜力，从而促使员工对企业及个人的目标确定，工作程序、工作成果评价等充分发表意见。参与激励的形式有建议制度、质量管理小组、职工代表大会制度等。

参与激励可以使员工有更多的机会关心和参与企业的管理及决策，使员工个人目标同企业目标相联系，增强员工的责任感和工作积极性，加强员工之间的团结，增强整个企业的凝聚力。

让员工参与企业管理，首先就是让员工参与企业决策。一旦员工参与决策，参与企业规则的制定，员工就会感受到自己是一个重要的人，所要遵守的是自己参与制定的规则，这样员工在工作中就会自动地维护企业的规则，肯定不会去破坏自己制定的规则。而且，在执行决策过程中，因为已经对决策有了深刻的了解，就能够最大限度地节省资源，避免浪费，高效地执行。对于管理者来说，不但得到了最具实用性的信息，而且不必花费什么精力就能够和员工之间建立起更融洽的关系。所以，让员工参与到企业管理中去，是达成企业和谐的根本所在。

通常，我们把员工参与的管理方式形象地称之为"让棋子自己走"，认为这种方式比传统的管理方式更能收集员工的意见和建议，更能发掘人才，也更能得到对企业决策有价值的信息。因为员工是管理者决策的最终执行者，对于管理者决策方案的制订也最有发言权。让员工在制定一项新的决策时参与讨论，表达自己的想法，并不会使管理者丧失掉权威，反而会使他们得到更多的尊敬和爱戴。因为当管理者把员工当做是一个有头脑的、重要的合作伙伴来对待时，员工们就会感受到被尊重，也就会在心底深处将管理者看做是能够了解他们心声的人。管理者在认真听取员工意见的过程中，还能够得到一些更具实用性的、由员工在实际工作中总结出来的经验，这样作出的决策会更科学。员工参与了决策的制定，就会对决策有深入的了解，不会产生理解错误。在执行决策方案时也会表现出更大的热情和信心，使方案执行得更彻底、更顺利。

管理者实施"员工参与"式的管理并不是做表面文章，而是要真正地听取员工的意见和建议，并要对提出建议的员工进行感谢和奖励。管理者如何对待"自己走的棋子"，对员工来说是十分敏感的。"棋子"之所以敢"自己走"，是因为员工对管理者有充分的信任和肯定。只有管理者有开明的作风，能够听取员工的意见和建议，员工才有向管理者提出建议的勇气。当员工向你提出建议时，作为管理者，不管他们提的这些建议是不是对企业的发展有帮助，都应该向他们表示真诚的感谢。管理者这样做是对这些提建议的员工的一种鼓舞，即使他们的建议没有被采纳，他们的积极性也不会受到影响。特别是在员工的建议不便于企业立即采用时，管理者更应该慎重对待。如果只是不声不响地将员工的建议置于一边，员工在管理者的最终决策里找不到自己提出的建议的影子时，就会感到被愚弄和欺骗了，从而产生消极对抗的情绪。所以，管理者在面对这样的情况时，要首先感谢员工提出建议，使员工的积极性受到鼓舞，其次，还要坦诚地向员工说明所提的建议不能被立即采用的原因，也可以帮助员工分析其中存在的缺陷，并给出一些指导意见。

当管理者认真对待员工的建议时，员工们就会真正走出来，与自己所在的企业共同成长。因为能够得到管理者的重视和认同，会增强他们的归属感和责任意识，而且能够让他们产生强大的信心，从而激发他们的新构想、新观念。这样，员工们的眼界会越来越开阔，考虑问题也会越来越周详，最后会成为一个能够独当一面的有能力的人，成为管理者的得力助手。

但是，如果员工的建议得不到重视和采纳，员工的积极性就会下降，甚至对自己失去信心，也不会再关心企业的成长，工作效率也只会越来越低。员工工作效率的下降会使整个企业的运转受到不良影响。

参与激励的根本，就在于让员工参与，让员工参与到企业的决策中，参与到企业的运营管理中，让他们感到自己是企业的一分子，是企业的主人，充分调动员工的主人翁精神。

参与激励法的应用包括以下各项。

1. 让员工都具有主人翁精神

许多人一提起主人翁精神就想起企业的最高决策人，仿佛只有他们才真正掌握着企业的命运。

这种思维定式严重地限制了员工成为企业主人的意愿，并将员工也排斥在企业之外，从而导致了员工与企业的对立。其实，员工大都想通过自己的辛勤劳作和聪明才智分享企业的经营成果，真正主宰自己在企业中的命运。而这种美好愿望往往会由于"经理"一词的限定而被宣告破灭，真正成为企业主人翁的权利也被无情剥夺。所以，许多员工在工作中不会自发、自觉地创造性地劳动。

这种思维的无形的界定在世界著名的美国联合航空的员工身上完全被冲破了，取而代之的是一种"人人都是企业主人"的现象。

在联合航空，员工们从来就没有什么"人家什么都不告诉我"的感觉，因为联合航空的每一位员工都是经营战略信息流程中的一员，每个人都是主人翁。在他们的手中，你会发现许多的规划、设计与战略蓝图等构成的花花绿绿的小册子，它们不同于那些没用的流于形式的本本，而是记载了决定企业未来发展方向与运作的具体部署。在企业里，甚至是刚来的秘书都知道精密电位计是什么，这并不是因为他们的工作要求懂得这些技术，而是因为他们觉得作为一名"经理"应当成为该企业合格的一员，既然企业是"自己的"，工作是"自己的"，那么他们就理所当然地会全身心地为企业的经营实效而努力，并自觉为企业的成功承担义务。

主人翁精神是员工在工作中一种切实的体会，这种切实的体会使他们迸发出巨大的工作干劲和奉献热情。

我们每个人都生活在由符号构成的世界中，这些符号是人类创造和延续下来的，并对人们的思想意识产生着很大的影响。那些头衔，诸如经理、总裁等，也是人们用来管理世界的符号，它们在被创造的同时，也被人们定义了。但随着时代的发展、组织的演进，这种定义已经极大地限制了人们能动性的发挥，抑制了一种美好的精神萌芽，那么为什么我们不给它赋予新的含义呢？

作为企业的管理者，你应该明白，企业不只是属于某个人，它是由企业的所有成员共同组成的。既然我们每个人，从经理到最底层的员工在组织中所充当的角色都是为社会提供产品或服务，并从中获取收益，那么企业中的每个人就都是运用生产资料创造物质财富的主人。此时的头衔就不是人们理解的权力的界定，而是职业与职责的描述及员工自尊心体现的地方。

现在，在许多企业内，已经废除了许多经理的头衔。例如IBM同ABC软件企业合办的一家公司，从1992年6月起，废除了营业系统、管理各部门的部长、副部长、经理这些管理职务头衔，形成了全企业约250人的对等组织，其目的是废除金字塔形组织的上下序列，培养职工以自己的责任为中心来完成自己工作的"职业"意识。

在现代社会里，精明的经理会主动用愿景和事业培养手下那些员工和广大员工的主人翁精神。因为他们知道，主人翁精神并不是只说把自己当成企业的主人这么简单，而是要以一种与企业血肉相连、心灵相通、命运相系的感觉做好每一件事情，面对每一个客户，在每一个成功或者失败的经验里面，渗透出企业以及个人共同的精神气质。那么，如何在企业内部培育这种精神呢？这就需要经理从下面四点入手来采取行动。

第一，总的政策由经理来制定，详细的程序由员工来决定，要给能人一定的权限和自由，特别是在目标的制定阶段；

第二，鼓励员工换位思考，培养一种人人都是"经理"的感觉，鼓励大家发表意见；

第三，通过各种看似琐碎的小事让员工切实感觉到自己是"自豪的主人"；

第四，培养企业的"家庭观念"，把企业变成"温暖的大家庭"，员工则自然而然地成为家庭的成员、企业的主人翁。

企业员工的主人翁精神是企业长远发展的动力。当管理者通过愿景和事业激发起手下那些员工的主人翁精神时，他们才会以身作则（在处理日常工作的事务中才敢于当家做主），进而激发广大员工的主人翁精神，大家众志成城，共同推动企业的长远发展。

2. 每个员工都是决策者

像前面提到的日本松下集团，从不对员工保守商业秘密。新员工第一天上班，松下集团就会对员工进行毫无保留的技术培训。也许有人会心存疑问，松下公司难道就不怕泄露商业机密吗？

对此，松下幸之助却认为，如果为了保守商业秘密而对员工进行技术封锁，员工就会因为没掌握技术而生产出不合格的产品，从而加大企业的生产成本。这种负面影响，比泄露商业机密所带来的损失更严重。在很多企业，尤其是以脑力劳动为主的企业，其生产根本无法像物质生产那样被控制，所以，信任是唯一的选择。

优秀的企业管理者必须摒弃老一套的管理方式，增强员工的积极性和创造性，不能局限于口头上的信任，而是要尽力做到让全体员工都参与到决策中来。通过参与，凝聚其心，激励其人，发挥其力。除此以外，别无良法。如果管理者真正这样做了，拥有一流的创意、强劲的竞争力以及令人瞩目的企业效益，都将是指日可待的事情。

位于美国佛罗里达州劳德戈尔堡的奠托拉生产线，是用来生产收音机接收器的。由于生产的需要，每个女工要在一个印刷电路板上安装大约10个零件，然后传给下一个女工。起初女工们出于新鲜干得十分起劲。但日复一日，单调重复的工作将她们的工作热情消磨殆尽。

该公司总经理了解到这一情况后，决定亲自来管理一段时间。他的第一个举措是：让每个员工组装和检测自己的接收器，并附上一张便条："亲爱的顾客，这台接收器是由我组装的，我感到骄傲，希望它使您满意，如果有什么地方不好的话，请通知我。"然后签上自己的名字，亲自将产品寄出。

不仅如此，每当厂里要做一项新的决策或准备推行某种改革时，总经理都积极邀请员工参与到新决策的制定中，鼓励她们各抒己见，对自己的每个想法畅所欲言……新的管理措施试行仅1个月，旷工和缺勤的现象就奇迹般地消失了。员工的抱怨声也没有了，取而代之的是高昂的士气和高效的工作业绩。面对满脸迷惑的工厂经理，总经理解释说："新制度成功的关键就在于让员工参与，它使工人们为自己的工作感到自豪，让工人们感到自己是不可替代的而不是无足轻重的。"

所以，一个公司在做一项新的决策时，如果能不论职位高低，让员工平等地"走"进来参与制定，便常常能让员工强烈地感受到企业对他的信任。参与的权利使员工感到自己受到了重视，无形中激发出他们的主人翁责任感。而当员工认为公司是"自己的"，工作是"自己的"的时候，他就理所当然地会全身心投入到工作中去。说白了，就是"做自己的工作总比替别人做事更有干劲！"这或许也是对"参与能激励员工"的最佳诠释。

让员工参与的激励方法虽然最经济最有效，但真正做起来却并不容易。那么，管理者究竟如何实施员工参与措施，让员工的热情水涨船高呢？

在通用电气公司，韦尔奇要求公司定期召开一个为期3天的研讨会，地点设在会议中心或者饭店。公司的管理人员负责组织一个研讨团。研讨团的成员来自于公司的各个阶层。每个研讨团的组成人数多在40～100名。会议开始第一天，由一位经理拟定一个大体的活动日程，然后自行退出。下一步是将参加研讨的员工再分成5～7个小组，每组由一名会议协调员带队。每组选定一个日程，然后开始为期一天半的研讨。在第三天，原先那位经理重新回到研讨会，听取每位代表的发言。在听完建议后，这位经理只能做出三种选择，即：当场同意，当场否决或者进一步询问情况。研讨会操作时间不长，就出现了良好的激励效果。通用电气公司的每个员工都在积极挖掘、释放自身的潜在能量，以百倍的热情努力地做好工作。

通用电气公司的一位高级主管曾无比兴奋地说："我实在想不出，还有什么能比参与更能提高员工的士气。"

在对员工进行激励时，让他们参与进来，这本身就是对他们的一种认可，他们会因为自己的参与而更加的努力工作，这种激励方式会让管理者的激励时效更长久。

3. 一日厂长制

通用电气公司有一种别出心裁的员工参与式管理方法，这就是"一日厂长"制。每一位员工都要写一份"施政报告"，自1983年起，每周星期三就由普通员工轮流当一天厂长。在这一天里，"一日厂长"和真正的厂长工作内容是相同的：9:00上班，先听取各部门主管汇报，对全厂的营运情况进行全面了解，然后陪同厂长巡视各个部门和车间。在"一日厂长"的工作日记中，详细记载其工作意见。而各部门、各车间的主管都要依据这些意见随时改进自己的工作，并须在干部会上提交改进后的成果报告并获得通过。各部门、员工提出的报告，先由"一日厂长"签字批准再呈报厂长。"一日厂长"还可向厂长提出自己的意见作为厂长决策的参考。

这样的管理制度为通用电气公司带来了显著的成效，大大节约了生产成本。

4. 本田的参与激励

本田公司就员工参与看做是企业管理中很重要的一部分。本田公司的管理者认为：如今的汽车绝不是十全十美的，有若干地方有待改进，有些改良点还没有人发现。只有时时刻刻这样考虑，才能开发出风格独特的汽车。管理者的工作不过是为技术人员提供能够如此思考的机会。如果管理者能够帮助技术人员成功，也就是在帮助企业成功。

在本田公司，开发工作有十分灵活的特点。新车开发研究所绝不强求员工"必须如此"，也不会严格按照既定方案执行，而是鼓励每一个员工随意发表对车辆开发的所有疑问，并充分讨论这些疑问。日本政府曾经颁布过控制车辆废气的排放标准，为了使摩托车的废气排放降下来，通过新的标准，本田公司的技术人员认为水冷才能达到目标，而本田的创建者本田宗一郎则坚持气冷方式。在公司内部经过了激烈的辩论和多次试验之后，本田宗一郎放弃了自己的观点，而采用了技术人员的建议，采用水冷方式。这样，本田公司创造出了具有划时代意义的低公害引擎CVCC。在本田公司的管理者的积极鼓励下，本田的员工不但能够成为"自己走的棋子"，而且为本田公司带来了极大的经济效益。

正是由于本田公司营造出了员工自由参与管理的氛围，才使得本田公司人才层出不穷，企业永葆生机。

5. 福特公司的全员参与制度

美国福特公司在员工管理上提倡一个制度："全员参与制度"，它赋予员工参与决策的权利，进而缩短员工与管理者的距离。员工的独立性和自主性得到尊重和发挥，积极性也随之提高。公司每年都要制定一个全年的"员工参与计划"，动员员工参与企业管理并向他们说明整体工作的计划和情况。此举引发了员工对企业的"知遇之恩"，员工投入感、合作性不断提高，合理化建议越来越多，生产成本大大减少。

6. 让员工产生认同感

美国一位名叫莫丽·瑞珀特的教授曾做过一项有关员工参与战略规划的研究，这项研究是在美国的一个物流公司总部及其分支机构中进行的。该公司的所有全职员工都参与了调查，其中有81%的人完成了调查内容。对调查结果，瑞珀特教授分成两组，分别被称作参与组和限制组。参与组的特点是战略远景清晰，在制定战略决策时员工参与度高，战略决策被员工高度认同等，而限制组的特点是战略远景不明确，战略决策制定的员工参与度低，战略决策缺乏认同等。瑞珀特教授总结道："工作满意度和组织参与度与企业的参与性文化密切相关，参与度高的那一组显示，对战略决策的认同性是工作满意度的最重要因素，而对战略决策的参与性是组织参与度的最重要因素。"

7. 让员工亲身体验

德国有一家剃刀公司鼓励员工在公司的实验室使用最新开发的剃刀，结果每天有300多名员工被请进实验室，让他们其中的一部分人使用本公司的产品，而另一部分人则使用对手的产品。如果员工不参与，他们就得不到各种奖金或福利。员工使用剃刀，就要回答有关质量和造型设计等方面的问题，使用竞争对手产品的则回答另一类问题。员工的反馈意见直接送到技术部门。公司经理克劳斯特说："剃须实验是产品研发不可分割的一部分。员工希望获得成功，他们会给我们最佳、最忠诚、最精确的信息，因为他们是内行。员工加入到每个项目中去，这是一种真正令人自豪的事情。"

榜样激励法

毛主席曾说过：榜样的力量是无穷尽的。企业管理者要学会利用榜样的激励作用，在企业里评选出几个楷模，为大家树立榜样，这样才能增强员工的上进心，使他们更加努力地为公司工作。

由于榜样深深地影响着人们的一言一行，所以，企业在开发人力资源时，特别是在试图以某种文化去唤醒人们的自觉性时，行为榜样激励是非常奏效的。

在一个企业中，总会有几个具有较高素质、业务技术能力和优秀业绩的典范人物。他们是集中体现企业主流文化、被企业推崇、被广大员工一致仿效的特殊员工。这些人是企业先进文化的体现者，在正常的生产经营活动中起着模范带头作用，是企业文化建设不可多得的主力军。

一位三十出头的女老板，收购了一家倒闭的造纸厂。那时正是严冬。由于工厂停产多日，各处管道都冻住了。女老板发动工人们加班加点烘烤管道，以保证如期开工。干到晚上，工人们都不乐意了，有的人说气话："真是的，工厂还没开工，就让我们当牛作马替她卖命。"有的人说风凉话："资本家都这样，不榨咱们的剩余价值，怎么能发财？"

结果是说的人多干的人少，大家越干越没劲。正在这时，女老板来了。她用瘦弱的身躯，很吃力地将一大筐木材拉到管道边，擦一把汗，架起木材，生起火，一声不响地干起来。这无声的语言，使工人们沉不住气了。他们身强力壮的，却看着一个弱女子在那里忙活，于心何忍？于是，他们也不声不响地干起来，再也没有人说废话了。

麦当劳公司每年都要在最繁忙的季节进行全明星大赛。

首先，每个店要选出自己店中岗位的第一名，麦当劳员工的工作站大约分成十几个，在这些工作站中挑选出其中的10个，每个店的第一名将参加区域比赛，区域中的第一名再参加公司的比赛。整个比赛都是严格按照麦当劳每个岗位的工作程序来评定的，公司中最资深的管理层成员作为裁判，他们秉公执法，代表整个公司站在前景的角度进行评估。

竞赛期间，员工们都是早到晚走，积极训练，因为如果能够通过全明星大赛脱颖而出，那么他的个人成长会有一个基本的保障，也奠定了他今后职业发展的基础。

到发奖那一天，公司中最重量级的人物都要参加颁奖大会，所有的店长都期盼奇迹能出现在自己的店中。很多员工在得到这个奖励后，非常激动，其实奖金也就相当于1个月的工资，但由此而获得的荣誉却非常大。

可以说，麦当劳是世界上应用榜样激励法最成功的企业之一，但是举行这样的比赛需要把程序化、标准化的工作做在前面，也就是说，岗位要有可以衡量的程序和标准，才能进行竞赛。

行为榜样的激励作用主要表现为以下几个。

1. 示范作用

榜样人物能以其优秀的品德、模范的言行、生动感人的形象来感染人们。他们的为人、功绩是大家直接体验得到的，容易使大家产生感情共鸣，因而乐意去仿效。

2. 凝聚整合作用

典型人物来源于员工，他们的理想、信念和追求具有现实的基础，易于为员工所认同和敬佩，易于产生独特的魅力，使整个企业同心同德，形成整体合力。

3. 舆论导向作用

在一个良好的企业环境中，典型人物的公正主张和远见卓识能够控制舆论导向，起到引导员工言行、强化组织价值观的作用。

4. 调节融合作用

典型人物以其自身影响力，在解决组织内部的各类矛盾、冲突时起着调节融合的作用。他们能以公正的态度判定是非，充分诠释组织企业冲突的立场、原则和手段，化解冲突。

树立榜样不是树立一个高不可攀的"神"，而是在成员身边树立一个可以感觉、可以学习，也可以达到的榜样、标杆。海尔是个以服务、质量著称的制造性企业。张瑞敏为了抓好企业生存的质量关，用流水线普通工人的名字命名了一些工具和操作方法："启明焊枪""云燕镜子""召银扳手"等。这种做法，为生产工人树立了榜样，激发了员工的工作责任心和创造力。正如张瑞敏自己所说：工人的干劲更高了，责任心更强了，产品的优质率提高了。企业能为客户提供真正的优质产品，从而也具有竞争力。

一个企业中必定有众多的候选楷模，就看企业管理者如何去发现和造就他们了。注重组织文化的企业一般都十分看重有个性的员工，他们的独特个性可以与企业的价值观相得益彰。尊重员工的个性，挖掘他们的创意，把他们放在具有创造性的工作岗位上，这在很大程度上是利用有独特个性员工的行为来激励整个企业的员工。

那么，如何培养企业的榜样员工呢？企业的管理者需要从以下几个方面着手。

1. 作为企业的管理者要善于发现和发掘企业的榜样员工

企业的榜样员工在进入企业之初，没有什么惊人的业绩，但是他们的个人价值观却是在不断变化进步的，是与企业所要求的价值观保持一致的。身为企业的管理者，需要了解员工的内心想法，了解员工的价值观，以发掘具有员工榜样的模型。

2. 身为企业的管理者要注意培养榜样员工

对于有些具有楷模特征的"原型"，要尽量为他们提供必要的发展条件，开阔他们的视野，增长他们的知识，扩展他们的活动领域，增强他们对企业环境的适应能力，给予他们更大的发展空间。

3. 企业管理者要努力打造榜样员工

对员工进行必要的锻炼，对那些基本定型的榜样员工要进行培训，对他们进行宣传，提高这些榜样员工的知名度和感染力，只有使这些榜样员工被企业的其他员工认同，才能够发挥其应有的激励作用。需要注意的是，对这些员工的宣传不能言过其实，否则会失去激励作用甚至会起到反作用。

企业在培养员工时千万不能急于求成，要培养他们的综合素质。而且宣传榜样员工以后还要对其进行培训和锻炼，提高这些榜样员工的自身素质，只有这样，才能达到长期激励员工的目的。

4. 要树立不同层次的榜样

社会是复杂的，员工们的成长道路也是多种多样的。因此，树立榜样，不能搞"一花独放"，而应搞"群芳谱"。不同类型的人需要不同的榜样来激励和引路。管理者应当善于树立不同层次和不同类型的榜样，让不同类型的员工在盛开先进之花的"百花园"中，找到适合于自己学习仿效的榜样，这样才能全面地发挥榜样的激励作用。

5. 要树立真实的榜样

榜样的生命力在于真实。因此，对榜样不能虚构先进事迹，不能任意拔高，不能一好百好。如果榜样不真实，比没有榜样还要坏得多。因为把假的东西拿来作先进榜样，一旦戳穿了西洋镜之后，人们对真的榜样也要怀疑三分了，这叫做"假作真时真亦假，无到有处有还无"。因此，搞假榜样，除了会造成他人的逆反心理外，是不会有任何益处的。

6. 宣传榜样要近人情

树立榜样是为了让人学，让人学就要使人"能够学"如果把榜样神化，变成不食人间烟火的神仙，人们就只好望洋兴叹了。在实际生活中，先进典型也是有血有肉，有七情六欲的活生生的人，他们也离不开现实生活的土壤，离不开深厚的群众基础。因此，我们树立、宣传先进典型并不是越完美越高大越好，应该以能为广大员工所接受，起而仿效为度。我们必须明确，树立先进典型的目的在于以点带面，"拨亮一盏灯，照亮一大片"，而宣传榜样要近人情，才能达到此目的。

7. 引导员工正确对待榜样

古话说："金无足赤，人无完人。"要一分为二地看待榜样，学其所长，正确对待其短，不能责备求全，横挑鼻子竖挑眼。既要防止机械式的学习，形式主义的模仿，又要防止因榜样有某些不足之处而否定榜样。

8. 最重要的一条：领导要自己成为榜样

松下幸之助无疑是当代最优秀的企业家之一，他创建的松下电器跻身世界500强企业之列，产品行销全球各地。

有一天，松下幸之助到车间视察。装配线运转正常，员工们在各自的岗位上井然有序地工作着，在那种世界一流的现代化车间里，是很难找到什么不妥之处的。然而，还是让松下幸之助找到了。只见他弯下腰，捡起了一块很小的碎纸片。

毫无疑问，当松下幸之助弯下腰去捡纸片时，一个对工作一丝不苟的行为标准也就被树立起来了！员工们确信他能发现地上那很小的、被别人忽视了的纸片，当然更能以身作则，激励着松下全体员工努力奋斗，精益求精，生产出世界一流的电器产品，占领更多的市场，赚取更多的利润，最终达到企业和个人的双赢。

《道德经》说："处无为之事，行不言之教。"意思是说：领袖人物不要刻意逞能以显示高明；也不要政令过多以夸示功绩，而要用自己无声的行动感化下属，使他们自觉地追随。"处无为之事"的说法，历来颇有争议；"行不言之教"，却是领袖人物获得部下忠心拥戴的有力手段。

竞争激励法

挪威人喜欢吃沙丁鱼，尤其是活鱼。市场上活沙丁鱼的价格要比死鱼高许多。所以渔民总是千方百计地想法让沙丁鱼活着回到渔港。可是虽然经过种种努力，绝大部分沙丁鱼还是在中途因窒息而死亡。但有一条渔船总能让大部分沙丁鱼活着回到渔港船长严格保守着秘密。直到船长去世，谜底才揭开。原来，船长在装满沙丁鱼的鱼槽里放进了一条以鱼为主要食物的鲇鱼。鲇鱼进入鱼槽后，由于环境陌生，便四处游动。沙丁鱼见了鲇鱼十分紧张，左冲右突，四处躲避，加速游动。这样一来，一条条沙丁鱼便活蹦乱跳地被带回到了渔港。这就是著名的"鲇鱼效应"。

鲇鱼是一种生性好动的鱼类，并没有什么十分特别的地方。然而自从有渔民将它用作保证长途运输沙丁鱼成活的工具后，鲇鱼的作用便日益受到重视。沙丁鱼生性喜欢安静，追求平稳。对面临的危险没有清醒的认识，只是一味地安逸于现有的日子。渔民聪明地运用鲇鱼好动的习性来保证沙丁鱼活着。渔民在这个过程中，获得了最大的利益。

鲇鱼效应对于"渔民"来说，在于激励手段的应用。渔民采用鲇鱼来作为激励手段，促使沙丁鱼不断游动，以保证沙丁鱼活着，以此来获得最大利益。鲇鱼效应即采取一种手段或措施，刺激一些企业员工活跃起来积极参与竞争，从而激活团队中的其他成员。其实质是一种负激励，是激活员工队伍之奥秘。在企业管理中，管理者要实现管理的目标，同样需要引入鲇鱼型人才，以此来改变企业相对一潭死水的状况。

当一个组织的工作达到较稳定的状态时，常常意味着员工工作积极性的降低。"一团和气"的集体不一定是一个高效率的集体，这时候"鲇鱼效应"将起到很好的"医疗"作用。一个组织中，如果始终有一位"鲇鱼式"的人物，无疑会激活员工队伍，提高工作业绩。

"鲇鱼效应"是企业领导层激发员工活力的有效措施之一。它表现在两方面：一是企业要不断补充新鲜血液，把那些富有朝气、思维敏捷的年轻生力军引入员工队伍中甚至管理层，给那些故步自封、因循守旧的懒惰员工和官僚带来竞争压力，才能唤起"沙丁鱼"们的生存意识和竞争求胜之心。二是要不断地引进新技术、新工艺、新设备、新管理观念，这样才能使企业在市场大潮中搏击风浪，增强生存能力和适应能力。

心理学实验表明，竞争可以增加一个人50%或更多的创造力。每个人都有上进心、自尊心、耻于落后。竞争是刺激他们上进的最有效的方法，自然也是激励员工的最佳手段。没有竞争就没有压力。没有压力，组织也好、个人也好，都不能发挥出全部的潜能。

美国企业管理专家认为，没有竞争的后果：一是自己决定唯一的标准；二是没有理由追求更高的目标；三是没有失败和被他人淘汰的顾虑。

当前，我们许多企业办事效率不高、效益低下，员工不求进取、懒散松懈，从根本上说，是缺乏竞争的结果。鉴于此，要千方百计将竞争机制引入企业管理中。只有竞争，企业才能生存下去，员工才能士气高昂。

竞争的形式多种多样。例如，进行各种竞赛，如销售竞赛、服务竞赛、技术竞赛等；公开招投标；进行各种职位竞选；用几组人员研究相同的课题，看谁的解决方式最好等。还有一些"隐形"的竞争，如定期公布员工工作成绩，定期评选先进分子等。管理者可以根据本企业的具体情况，不断推出新的竞争方法。

竞争中要注意的问题是，竞争的规则要科学、合理，执行规则要公正，要防止不正当竞争，培养团队精神。有些竞争不但不能激励员工，反而挫伤了员工士气。如果优秀者受到揶揄，就是规则出了问题，不足以使人信服。

竞争中任何一点不公正都会使竞争的光环消失，如同裁判偏袒一方的一场足球赛。如企业竞选某一职位，员工知道领导早已内定，还会对竞选感兴趣吗？如进行销售比赛，对完不成任务的员工也给奖，能不挫伤先进员工的积极性吗？失去了公正，竞争就失去了意义，只有公正才能达到竞争的目的。

凡是竞争激烈的地方，经常发生不正当竞争，如：不再对同事的工作给予支持，背后互相攻击、互相拆台；封锁消息、技术、资料；在任何事情上都成为水火不相容的"我们和你们";采取损害公司整体利益的方法竞争等,这些竞争势必破坏团队精神。企业的成功依赖于全体员工的团结、目标一致,而不正当的竞争足以毫不含糊地毁掉一个组织。

为了避免不正当竞争的弊端,第一,要进行团队精神塑造,让大家明白竞争的目标是团队的发展,"内耗"不是竞争的目标;第二,创造一个附有奖励的共同目标,只有团结合作才能达到;第三,对竞争的内容、形式进行改革,剔除能产生彼此对抗、直接影响对方利益的竞争项目;第四,创造或找出一个共同的威胁或"敌人",如另一家同行业的公司,以此淡化、转移员工间的对抗情绪;第五,直接摊牌,立即召见相关人员把问题讲明白,批评彼此暗算、不合作的行为,指出从现在开始,只有合作才能受到奖励,或者批评不正当竞争者,表扬正当竞争者。

企业管理者应该把竞争机制引入企业管理中,通过员工之间的良性竞争,把员工的积极性调动起来。

在具体实施竞争激励法时,可以参考如下做法。

1. 做好岗位备份,让员工时刻感到竞争的压力

给每个员工以公平竞争的机会,每个岗位都要有一个或多个备份,不能一个岗位只有一个人能做,让员工们时刻感受到竞争的压力,要想比竞争对手做得好,就要更加努力工作。

2. 向特殊员工暗示竞争对手的存在

如果某位员工身份特殊(比如当这位部下有高层关系或裙带关系时),工作不积极,却又不好直接给其设立竞争对象,不妨用言语暗示他,让他知道竞争对手的存在,从而激发该员工努力工作。比方说你只要告诉他:"你和谁谁两个人,晋升是指日可待的。"这就等于暗示了他竞争对手的存在,如果再不努力,晋升机会就会与他失之交臂。

3. 为需要激励的员工设立一个竞争对象

当竞争对象不容易找到时,企业管理者不妨设一个竞争对象,让企业员工彼此竞争。比如跨部门设立,或寻找同岗位的兼职等。

4. 引入外来竞争对象

如果员工不思进取,而该部门的效益又不错,就果断地招聘新员工,为其设立竞争对手。如果员工在有新的竞争对象后依然不思进取,留之无益,不如辞退。

5. 用裁员威胁逼迫员工主动展开竞争

对于经营状况不理想，而员工又不愿努力工作的部门，不妨向他们挑明公司裁员的打算，让他们主动展开竞争。在使用这一策略时，企业管理者需要根据公司实际情况谨慎为之，不可草率行事。

6. 设置竞争对手

华夏钢铁公司的经理王林在管理自己的员工时，就成功地使用了"设置竞争对手"的激励方法。

有一次对一个一向很努力的熟练工人说："老罗，我安排你做的一件事情为什么这么慢才做出来呢？你怎么不能像方华那样快呢？"

对方华，他却是这样说的："方华，你做事为什么不能以老罗为榜样，像他那样高效呢？"

不久后，方华刚出差回来，王林便留下一张纸条叫他做好一个铸件，马上送到铁道开关及信号制造厂去。这个条子是周六写的，但是周日早上方华便把这件事办好了。

周日清晨，王林在制造厂里看见了方华，便问：

"方华，你看见我留下的纸条了吗？"

"看到了。"

"你什么时候去铸呢？"

"我已经铸好了。"

"啊？这是什么时候的事情啊？你真的已经做好了吗？"

"是的，我已经铸好了。"

"现在在哪里啊？"

"我已经将它送到制造厂里去了。"

王林听了欣喜异常，因为他找到了一条激励员工提高效率的好方法，并为这种方法如此有效感到惊奇。而对方华来说，王林的嘉许让他倍感鼓舞，觉得上司很欣赏自己。

7. 无言的激励

查尔斯·施瓦斯是美国著名的企业家，他属下的一个子公司的职工总是完不成定额。该公司经理几乎用尽了一切办法——劝说、训斥，甚至以解雇相威胁，但无论他采用什么方法，都无济于事，也就是说，工人还是完不成定额。有鉴于此，施瓦斯决定亲自到该公司处理这件事。

施瓦斯在公司经理的陪同下到公司巡视。这时，正好是白班工人要下班，夜班工人要接班的时候。施瓦斯问一位工人：

"你们今天炼了几炉钢？"

"5炉。"工人回答说。

施瓦斯听了工人的回答后，一句话也没说，拿起笔在公司的布告栏上写了一个"5"字，然后就离开了。

待夜班工人上班时，看到布告栏上的"5"字，感到很奇怪，不知道是什么意思，就去问门卫，门卫将施瓦斯来公司视察并写下"5"字的经过详细地讲述了一遍。

次日早晨，当白班工人看到布告栏上的"6"字后，心里很不服气：夜班工人并不比我们强，明明知道我们炼了5炉钢，还故意比我们多炼1炉，这不是明摆着给我们难堪，让我们下不了台吗？于是，大家劲儿往一处使，到晚上交班时，白班工人在公布栏上写下了"8"字。

智慧过人的施瓦斯用他无言的挑拨，激起了公司员工之间的竞争，最高的日产量竟然达到了16炉，是过去日产量的3.2倍。结果这个平日落后公司的产品产量很快超过了其他的公司。

施瓦斯利用人们"好斗"的本性，用他无言的挑拨激起了公司员工之间的竞争，不仅巧妙地解决了该厂完不成定额的难题，还使工人们处于自动自发的工作状态。当然，最终的受益者是不言自明了。

8. A、B、C、D四级报告制度

日本松下公司每季度都要召开一次各部门经理参加的讨论会，以便了解彼此的经营成果。开会以前，把所有部门按照完成任务的情况从高到低分别划分为A、B、C、D四级。会上，A级部门首先报告，然后依次是B、C、D部门。这种做法充分利用了人们争强好胜的心理，因为谁也不愿意排在最后。

9. 我们的排名如何

美国西南航空公司的内部杂志经常以《我们的排名如何》这篇文章让员工知道他们的表现如何。在这里，员工可以看到运务处针对准时、行李处置、旅客投诉案等三项工作的每月例行报告和统计数字，并将当月和前一个月的评估结果作

比较，制订出西南航空公司整体表现在业界中的排名。还列出业界的平均数值，以利于员工掌握趋势，同时比较公司和平均水准的差距。西南航空的员工对这些数据具有十足的信心，因为他们知道，公司的成就和他们的工作表现息息相关。当某一家同行的排名连续高于西南航空几个月时，公司内部会在短短几天内散布这个消息。到最后，员工会加倍努力，期待赶上人家。这样，西南航空的员工就永远处于不断前进的状态中。

晋升激励法

麦当劳是如何把一个普通毕业生培养成为成熟管理者的呢？原来，麦当劳实行了一种快速晋升的制度：一个刚参加工作的出色的年轻人，可以在18个月内当上餐馆经理，可以在24个月内当上监督管理员。而且，晋升对每个人是公平合理的，既不作特殊规定，也不设典型的职业模式。每个人主宰自己的命运，适应快、能力强的人能迅速掌握各个阶段的技术，从而更快地得到晋升。

晋升激励就是企业领导将员工从低一级的职位提升到新的更高的职务，同时赋予与新职务一致的责、权、利的过程。以业绩为导向的晋升方法，是以挑战性目标的确立、并为之付出努力而最终实现的过程。

人通常具有永不满足、追求向上的欲望。没有谁愿意永远生活在别人的光辉之下，没有谁愿意躬身谦卑、经年累月地重复着昨天，没有谁愿意一个职位做到老。可以说，只要不是平庸之辈，他都会渴望有升职加薪的机会。

渴望晋升，能够最大限度地释放出生存价值，这就是每一位职业人的梦想。所谓"人往高处走"，无非希望出人头地、名利双收，能够在职场上稳步发展或步步高升。在企业晋升管理上，提拔得当，自然可以产生积极的导向作用，培养优秀员工积极向上的精神，能够激励更多员工努力和增强士气。

晋升是对员工的卓越表现最具体、最有价值的肯定和奖励方式。晋升得当，可以产生积极的导向作用，培养向优秀员工看齐的积极向上的企业文化精神。但提升还应讲求原则和评鉴方法，不能凭上级个人的喜好圈点或是滥用人事权力。那么，晋升员工的依据是什么呢？一般情况下，企业对员工的职位进行提升的标准是过去的工作业绩。这是最重要的晋升依据，其余条件都可以说是次要的。一个人在前一工作岗位上的表现情况，可以作为预测将来表现的指标。切忌将人的个性、是否受领导赏识作为晋升的依据。

晋升不是利用员工的个性，而是要发挥他的才能。这也是最为公正和实用的办法，不但能堵众人之口，服众人之心，而且能堵住"小门或后门"，让众多"关系"失效，也可以避免员工有意无意间的钩心斗角。

这个道理虽然简单明了，可是许多企业的管理者往往做不到，问题是多方面的，主要是因为用人习惯上是跟着感觉走，以致失去了判断力。很多时候，晋升一个员工往往是因为上级喜欢他的性格和作风。比如，以下三种情况：

（1）领导是快刀斩乱麻的人，他就愿意晋升那些做事干脆利落的员工。

（2）领导是个十分稳当、凡事慢三拍的人，他就乐意晋升性格审慎小心的员工。

（3）领导是个心直口快的人，他就不喜欢提升那些说话婉转、讲策略的人。

另外，还有一点，主管普遍喜欢晋升性格温顺、老实听话的员工，对性格乖戾孤僻、独立意识较强的员工大多不感兴趣。这样的结果，很可能造成用人失当。现实情形是，被晋升者很听话，投主管脾气，工作却不会有多大喜色，而且会让有真才实学的员工报效无门。

主管在晋升员工时，千万要记住：员工的个性不管你喜欢也好，不喜欢也好，个性乖戾孤僻也好，温顺柔和也好，都不必过多地考虑。要把注意力集中在他们以往的工作业绩上，也就是谁的工作业绩好，谁就是晋升的候选人，这是最好的说服力基础。固然，在实际操作和权衡方面，还应考察他的品格和相关项目及要素，但着重于业绩为导向晋升的考量，具有更大激励性和引导力。

着重员工现在的工作表现、预测员工的未来，正是以业绩为导向的晋升，但应注意过程管理具有的公正明确、系统的考评标准，以公正的考核为依据和以员工的需求为基础，它包括将员工的知识、技能、经历、态度等在工作岗位上加以价值量化，通过绩效考评，从而体现及形成内外持续激励。

职位晋升是企业较为有效的激励方法，不仅可以增加员工忠诚度，减少员工流失，还可以提高组织的效率。但切记：晋升激励一定要运用到有能力完成工作并达到管理者期望的员工身上。

1. 职位阶梯

职位阶梯指一个职位序列所列出的职位渐进的顺序，包括每个职位的头衔、薪水、所需能力、经验、培训等能够区分各个职位的不同方面。管理者可以将职位阶梯展示给员工，让员工有向上努力的目标和方式，从而达到激励的目的。

2. 职位调整

对于那些职位发展空间非常局限的一小部分员工而言，职位调整是最好的激励方法。企业可以通过相关的职位调整，使这部分员工找到更适合自己的工作岗位。对员工而言，这是一次晋升的机会；对企业而言，可以让员工发挥更大的潜力，作出更大的贡献。

3. 职位竞聘

即允许当前所有的员工来申请晋升的机会。通过职位竞聘可以增强员工的动力，同时减少了由于主管的偏爱而产生的不公平晋升的可能。但管理者在职位竞聘过程中，必须对所有应征者作出评估判断，并对被淘汰的应征者作出合理的解释。

4. 职业通道

即员工的职业发展计划，一般会明确特定的职位，代表不同的可选择的发展道路，以及员工要达到晋升条件所需的培训。企业与员工共同制定适合员工发展的职业通道，可以让员工更加专注于自身未来的发展方向并为之努力。

对企业而言，晋升激励是一种很实用的激励方法，但在作出晋升决策之前，管理者必须对晋升员工进行绩效评估，以确定其资历和能力是否可以胜任所要晋升的职位。

（1）职位需求评估。有时，在管理工作中很难去界定新职位要完成新任务所需的能力和技能。但管理者可以使用那些通常在做晋升决策时会考虑到的主要资源：如员工主管的推荐、绩效评估的结果、测评中心的测评结果、在组织中的工作经验、员工个人的职业目标和教育背景。

（2）情境因素评估。管理者还需要考虑员工在新职位之前所处的情境，因为情境的变化会影响候选人的绩效。在管理中已不倾向于使用这种评估方法，因为管理者已经习惯与员工朝夕相处，但情境因素常被证明是找出错误的有效方法。

（3）候选人资格评估。管理者要做的第三步是评估候选人的资格。其包括新工作所需的知识、技能和个人品质以及候选人的能力和资历。最佳的候选人应该达到新职位的最低标准，并将获得这一职位。

在运用晋升激励的时候，管理者要谨慎地设立目标、规范晋升决策，给所有的员工以平等的机会。同时，管理者应该基于候选人的绩效进行评估。除此之外，管理者要经常和员工讨论这一系统，该系统应当被员工和管理者双方所接受。这样，管理者就能够作出有效的晋升决策、使员工得到更好的激励和回报，并实现组织绩效得以改进的目的。

5. 规范晋升的途径

也就是说，为每一个员工指明他所在的岗位应该朝哪个方面晋升。这个晋升不是指个人的晋升，而是指这个岗位未来的晋升方向。比如，你现在是文员，那么这个岗位的下一步晋升方向是高级文员；你是一般工程师，这个岗位的晋升方向是主任工程师。规范晋升途径，就是将所有的岗位分为几个岗位群，每一个岗位都能在自己所在的岗位群中，从下到上，一步一步地上升。很多企业晋升激励存在的问题是没有晋升途径，一个员工在一个岗位干了十几年，除了工资稍有上升外，其他的都没有变。

6. 建立晋升的阶梯

在规范了晋升的途径，即指明什么岗位从哪个路径上升之后，接下来就需要建立晋升的阶梯，也就是说，要指明这条路径上有多少岗位，分布如何。指明管理人员走行政类、营销人员走销售类、工程师走技术类、文员走行政事务类，即是规范了晋升的途径。以销售类为例，具体规定出销售人员的岗位分为客户主任、高级客户主任、客户经理和高级客户经理，并对每个岗位进行分级，则是建立了晋升的阶梯。作为销售人员，就可以在这个途径上，一个岗位一个岗位地、一级一级地通过考核不断地得到晋升。

规范了类别途径，建立了晋升的阶梯，就为员工的职业生涯打通了道路。这样，员工就可以目标明确地通过努力不断地得到晋升。就像一池水一样，水还是这么多水，如果你让它不断地在旋转，在流动，哪怕在内部流动，这个水就是活水。同样，通过绩效考核、能力考核和不断的晋升，员工就可以被激活，他们就能够不断地提高自己的业绩，提升自己的能力，企业也因此而得到持续发展的机会。

7. 制定晋升标准

规范了晋升途径、建立了晋升阶梯，并不意味着员工只靠工作年限就可以自然地晋升。也就是说岗位并不是轮着坐的，它是有一定的标准的。具体而言，这一标准应该包括三个部分：

（1）岗位的任职资格要求，具体包括：学历、专业、专业年限、同行年限、同等职务年限等。

（2）岗位的能力要求，即适应这一岗位所需要具备的能力。

（3）绩效要求，即晋升这一岗位所需达到的绩效标准。

在实施晋升激励的过程中，应该严格按照标准进行。此外，晋升不应该仅仅是正向流动的，也应该有负向的流动。也就是说，晋升标准应有两个，一个是向上晋升，一个是向下流动，从而做到员工有升有降。对于符合晋升标准的要给予晋升，对于符合降级标准的要向下降级。

🕸 危机激励法

在辽阔的非洲草原上，弱肉强食、适者生存永远是不变的真理。

每天早上羚羊妈妈总是早早地叫醒小羚羊说，今天你一定要跑得比最慢的那只狮子还要快，不然的话你就会没命；每天早上狮子妈妈也对早早被叫起来的小狮子说，今天你一定要跑得比最快的那只羚羊还要快，否则，你将没有早餐吃。

美国旅行者公司首席执行官罗伯特·薄豪蒙说："我总是相信，如果你的企业没有危机，你要想办法制造一个危机，因为你需要一个激励点来集中每一个员工的注意力。"

员工除了有被重视、被信任、被尊重的需要，还有猎奇好动、探索的需要。"危机"的出现可满足员工的这一需要，刺激员工试行自己工作的新思路，并且鼓励和支持他们去冒险，满足个人抱负。作为管理者，可适当创造一点儿危机感，给员工提供一些动力。

试想，如果公司的一切都在平稳中进行，任何事情都平淡无奇，没有什么问题，那么，工作自然也就不需要，更谈不上什么积极性和创造性了。这时，管理者可适当地运用"危机"手段，将公司"搅拌搅拌"让员工"活"起来。事实上，人们常在承受着"危机"的巨大压力下获得成功。

通用电气公司正是通过这一渠道，有效刺激员工的想象力，得到新的思路和方法。即使是银行，也会因危机的降临而发生变化，不再像殡仪馆似的，人们讲话都要窃窃私语，对管理者来说，银行已充满了创新和机会。

当然，制造一个危机并不是去搅乱企业的现况（哪有这样的傻瓜！），而是去创造一个机会，提升到更高的层次。

危机激励犹如一个人在森林中被猛兽追赶，他必须以超出平日百倍的速度向前奔跑。对他来说，后面是死的危险，而前方则是生的机会。

正如美国前总统肯尼迪所说：在中文里，危机是由两个词组成的。第一个是危险；第二个是机会。

"不时提醒你的员工，企业可能会倒闭，他们可能会失去工作。这样可以激励他们尽其所能，不至于怠慢企业和工作。"美国的J.M.巴德维克博士曾这样说。

每个企业都生存在环境中，环境中的诸多因素都会影响乃至干扰企业的正常运营，这些因素共同构成了企业经营过程中的风险因素。在竞争的舞台上，面对着众多的风险，有的企业成功了，有的企业却遭到失败，甚至从此一蹶不振，以破产而告终。

成功固然可喜，失败也未必可悲，关键是要从中吸取经验和教训。正如松下幸之助所说："不论一个人现在拥有多么伟大的事业，他绝不会不曾遭遇过失败。做事总会遭遇失败，但在每一次的失败中要有所发展，经过无数的体验后，在期间逐渐成长，最后，在自我心中产生某种伟大的信念，才能完成伟大的事迹。最重要的是，当遭遇失败而陷入困境时，要勇敢而坦白地承受失败，并且认清失败的原因。体悟到：'这是非常难得的经验，最宝贵的教训'。"这说明，危机因素可以转化为企业发展的动力，不能因为惧怕挫折、困难、失败和危机而痛失企业发展的良机。

所以，管理者不但要有时刻面对危机的意识，更要善于制造危机感，消除员工的惰性，要让员工不满足于企业现状，通过有效的竞争激励措施把这种危机感所产生的紧张转化成生产力，从而激发和提高员工的工作热情和主动性。

实际上，创造工作中的危机感对企业和员工都不无好处。为什么？太过稳定，一般会影响员工的工作绩效。工作稳定，长久以来一直是员工的权利。如果员工认为企业"欠"他们的，没必要靠努力工作获得报酬，他们的效率就会降低。

这不仅对企业造成损失，对个人也许贻害更深。如果对自己的工作不负责任，就不会去学习如何应对变化。那么，当变化不可避免时，他就束手无策，坐以待毙，这恰恰会带来真正的危险。

工作有危机感是好事。毫无危机感的企业必须制造适当的危机感来激励员工，让他们感到自己的工作离不开这种危机感。事实确实如此，当员工战胜他们面临的挑战时，他们就会更加自信，对企业做出更大的贡献。成为对企业有所贡献者，是工作稳定的唯一途径。

如果员工无论业绩多么差都能高枕无忧，就可能造成一种无所谓的企业文化。任何企业中都可能存在"无所谓文化"，员工无所事事，却认为企业"欠"着他们的，因为管理层创造了一种"应得权利"的文化。在"无所谓文化"中，员工更注重行动而不是结果。

员工有这样的思想和行为，是因为当他们失败或企业濒临倒闭时，不会对他们带来任何不利后果。他们不断闯祸，却一次又一次蒙混过关。

要打破员工"无所谓文化"，或调动那些唯恐失去工作的员工的积极性，就得在风险与稳定之间建立适当的平衡点。如果员工觉察不到危机感，就必须创造一种环境，让他们产生不稳定感，不能让他们麻木不仁。心理学上的两个重要发现解释了这种现象：

（1）随着焦虑程度的加深，人的业绩也会提高。当焦虑度达到一个理想水平时，业绩也会随之达到最高点。不过，如果焦虑程度过高，业绩也会下降。

（2）当成功概率达50%时，人们取得成功的动力最大。换句话说，如果人们追求的目标或接手的任务具有挑战性，但仍有极大可能成功时，人们追求目标或接手任务的动力最大。

企业的员工一般处于以下三种状态之一。

1. 无所谓

这种状态下，员工面临的风险极低，凡事都想当然，不管他们表现多么差，都有安全感。

2. 身处恐惧中

风险或焦虑度太高，凡事谨慎，不管他们表现多好，还是没有安全感。

3.努力获得

这种状态下，风险程度适中，员工会因为面临适当的挑战而发挥最好水平。这是唯一真正富有成效的状态，员工肩负着足够的风险，珍惜自己的努力所得。而这点恰好使他们能获得满意的结果。

企业要繁荣，员工要发展，努力获得是每位员工应有的态度。在这种环境中，员工和企业创造性喷涌，灵活善变，努力获得那些真正重要的结果，才会成功。

要引导员工走出无所谓文化，一定要确保他们明白当今的经济现状中潜伏着不尽的威胁：客户可能拂袖而去，企业可能倒闭，员工可能失业。说服那些充满恐惧的员工获取安全感的最好途径，是帮助企业实现最为关键的目标。没有成功，就没有企业，也就没有工作。

不时提醒你的员工，企业可能会倒闭，他们可能会失去工作。这样可以激励他们尽其所能，不至于怠慢企业和工作。

激励专家认为，通过以下措施，可以有效地树立员工的危机意识。

1. 向员工灌输企业前途危机意识

企业领导要告诉员工，企业已经取得的成绩都只是历史，在竞争激励的市场中，企业随时都有被淘汰的危险，要想规避这种危险，道路只有一条，那就是全体员工都努力工作，才能使企业更加强大，永远处于不败之地。

2. 向员工个人灌输他们的个人前途危机

企业的危机和员工的危机是连在一起的，所以所有员工都要树立"人人自危"的危机意识，无论是公司领导班子还是普通员工，都应该时刻具有危机感。告诉员工"今天工作不努力，明天就得努力找工作"。如果员工在这方面达成共识，那么他们就会主动营造出一种积极向上的工作氛围。

3. 向员工灌输企业的产品危机

企业领导要让员工们明白这样一个道理：能够生产同样产品的企业比比皆是，要想让消费者对企业的产品情有独钟，产品就必须有自己的特色，这种特色就在于可以提供给顾客的是别人无法提供的特殊价值的能力，即"人无我有，人有我优，人优我特"。

总之，企业唯有不断地向员工灌输危机观念，让员工明白企业生存环境的艰难，以及由此可能对他们的工作、生活带来的不利影响，才能有效激励员工自动自发地努力工作。说服那些充满恐惧的员工获取安全感的最好途径，就是帮助企业实现最为关键的目标。告诉员工，如果他们不努力工作，就不会有成功，就不会有企业的繁荣，也就没有了工作。

惩罚激励法

惩罚不仅是一门学问，还是一门艺术，是一门能打动人的心灵的艺术。企业的管理者要怎样惩罚，才能做到既让员工虚心接受惩罚，又能让人心不会涣散呢？答案就是将惩罚艺术化。通过惩罚，让员工学有所得，这样的惩罚对于员工来说，才会变得有意义的多。

奖励和惩罚都是企业管理者激励员工的方式，但惩罚有时候比奖励对人的"刺激"更大。俗话说："不以规矩，不成方圆。"没有完善的规则，或不善于定规则，顾此失彼，工作固然无法展开。所以，管理者应十分注意团队工作的制度建设。如果管理者能正确制定出大家共同遵守和依据的工作准则，不仅保证了团队成员们行动的正确规范，而且还有利于调动和发挥人的积极性。同时，制定出正确的制度后，还必须引导员工积极自觉、一丝不苟地遵守制度，用制度来约束人，让员工一言一行有法可依，有标可考，真正做到以制度管理团队，自己也能从"烦琐"事务中脱身。

管理者在制定规章制度时，应注意以下原则。

1. 制度不是孤立的

任何规章制度都不是孤立存在的，它存在于企业管理机制中的规章制度系统框架之内。管理者在制定之前，应该考虑整个公司的规章制度的框架系统结构，然后再来设计具体事物的有关制度。做完这些之后还要将其试运行，经过一定时间的磨合和执行，在管理的力度、尺度等各方面互不矛盾了，再正式颁布实施。

2. 制度高于一切

有些管理者常常随口说出一些规定和制度，这样做既不严密，也不科学，而且极大地破坏了规章制度的权威性。一旦制度正式颁布，那就应该坚定地执行下去。如果对违反者采取不理会、不惩罚的态度，也要靠人去理解、去执行。如果有章不循或者执行不严，那么，规章制度只能是一纸空文。

3. 制度的可行性

一方面，任何条文都必须是可以执行的，不能执行的条文和规定必须立即废止。因为它在实际情况中不能执行会破坏规章制度的权威性。另一方面，制度应该使每位员工在执行过程中体会到一种力度，即都要付出努力。例如，身体稍有不适，或家里有一般性的琐事，员工必须尽量要求自己坚持执行规章制度。

4. 制度应该具体

一个规章制度如果过于抽象、笼统，缺少具体的条文和实施细则，那么它将难以执行。一些制度常常被束之高阁的教训之一，正是因为许多制度是包罗万象的抽象性规定，尽管内容丰富，覆盖面广，精神主旨正确，但一接触许多具体问题时，则难以对号入座。例如，有的公司规定上班时间"要严肃"，这就过于抽象，不容易具体实施。现实基层工作是具体的，需要有一些具体的条例和实施细则。这就需要去完善，并明确规定由谁来监督执行，违反了制度由谁去惩罚，以及处理的具体程序。

5. 执行制度要公平

规章制度都具有"无例外原则"。有的员工违反而不受到惩罚，是对其他团队成员的不平等和不公正，也显示出制度本身的苍白无力和虚伪性。在规章制度面前应该人人平等。诸葛亮曾经说过："我的心就像一杆秤，不为他人作轻重。不能做到公平二字，就无以取得人心。"所以，制度一经通过，管理者就必须带头遵守。为了维护制度的严肃性和公平性，就应该具有孔明上奏自贬三级的气度。能否做到制度面前人人平等，对管理者来说，是一大考验。尤其涉及亲朋好友时，更需要坚定地维护制度的公平性。

6. 制度的弹性原则

不存在任何一种规定可以精确地限定所有事物，所以规章制度的弹性原则是必要的。但是，这种弹性又是有限的，是积极的。制度的弹性不能过大，要明确制度上量的尺度和质的依据，使之容易具体操作，避免执行时的走样和变形，避免执行过程中的随意性。但制度的弹性也不能过小，那样会造成制度的过于死板和苛刻。我们把握好这一原则，不是留一手，而是多准备一手，是为了提高效率，增加解决问题的可能性。

"烫炉原则"包括以下各项。

1. 预先警告原则

如果炉火是滚烫的，任何人都会清醒地看到并认识到一旦碰一下就会被烫着。

2. 即时原则

即如果谁敢以身试法，将手放在火红的烫炉上，他立即就会被烫——即被惩罚。

3. 一致性原则

简单地说，就是保证任何人每次傻乎乎地用手触摸烫炉肯定都会被烫着，不可能会有一次例外。这样的纪律政策应该是很严密的。

4. 公正原则

即任何人，不论男女老少，不论他的地位有多高，名声有多么显赫，只要用手触摸烫炉，保证会被烫着。因为，烫炉可不会见风使舵，因人而异。

以上四个原则实际上是对管理者提出的四条执行惩罚的原则。

惩罚的最高境界在于能让受罚者心存感激，并加倍努力。惩罚绝不只是冷酷无情，人性化的处罚可以变得像正面的表扬一样具有激励性，甚至更为有效。惩罚的目的是让员工自己认识错误，从而积极改进，而不是在领导强制要求下成为一种被动行为。

惩罚作为一种教育和激励手段，是要讲究惩罚艺术的。这样不仅可以消除惩罚所带来的副作用，还能够收到既教育被惩罚者又教育了别人，化消极因素为积极因素的效果。实行惩罚要注意以下四点。

1. 惩罚与教育相结合

首先，要注意先教后"诛"，即说服教育在先，惩罚在后，使人知法守法，知纪守纪。这样做可以减少犯错误和违纪行为，即使犯了错误，因为有言在先，在执行法纪时，也容易认识错误，乐于改正。如果不教而"诛"，则人们就会不服气，产生怨气。其次，要做好实施惩罚后的思想教育工作，使他能正确对待惩罚，帮助他从错误中吸取教训，改正错误。惩罚的目的是使人知错改错，弃旧图新。因此，要把惩罚和教育结合起来。

2. 一视同仁，公正无私

惩罚对任何人都要一视同仁，要以事实为依据，以法律为准绳，不能感情用事。对同样过错，不能因出身、职位、声誉和亲疏缘故而处理不一，表现出前后矛盾，甚至轻错重处，重错轻处。这样的惩罚只会涣散人心，松懈斗志，毫无激励的价值。

3. 掌握时机，慎重稳妥

一旦查明事实真相就要及时处理，以免错过良机，造成更大危害。适时是指掌握恰当的时机，瞄准火候。什么是惩罚的最佳火候呢？其一，事实已查清；其二，当事人已冷静下来，对问题有所认识；其三，其错误的危害性要为群众所意识到。具备这三个条件，就是惩罚的恰当时机。这三个条件要靠惩罚者去创造，不能消极等待时机。惩罚，还应注意稳妥，不能一味蛮干，有的适合放一放，以免激化矛盾。特别是对一个人的首次惩罚，更要慎重稳妥，要十分讲究方式、方法。当然，也不能久拖不办，否则，时过境迁，就会降低惩罚的效果。

4. 功过分明

功与过是两种性质完全不同的行为要素。功就是功，过就是过，不能混同，也不能相互抵消。因此，在实施激励时，有功则赏，有过则必罚，功过要分明，绝不能因为某人过去工作有成绩或立过功，就对他所犯的错误姑息迁就。这样做对他自己、对集体都没有好处，只有害处。同样，也不能因为一个人有了错误，而一笔抹杀他过去的成绩，或对他犯错后所做的成绩不予承认，不予奖励。这样做也是不利于犯错误者进步的。对于一个人犯错误后作出的成绩，更应该注意给予肯定和奖励，这样才能使他们看到自己的进步。

目标激励法

大多数员工都希望自己能将工作做得更好、使自己更具发展潜力。管理者应该帮助他们建立不断超越自己的个人发展目标。"管理者应将自己的经历放在帮助员工解决障碍上，而不是片面地放在实现自己制定的目标上。"诺基亚CEO奥利拉很自信地说："我在中国能够取得成功，最关键的一点就是给员工以最大的发展空间，这个空间，是员工得以充分发展自己才华的空间，是独立负责完成某件事的空间，是自我想象并得以实现结果的空间。当然这个空间还包括内部流动性。问题是某些企业管理者往往忽视了这一点。"

目标是团队成功路上的里程碑，它给了团队一个看得着的努力方向。在你努力实现这些目标的过程中，它会发挥积极的作用，能够作为你努力的依据不断鞭策你奋力进取。有了目标，你就可以更深地挖掘自己的潜力，更好地把握住现在。督促自己认真地对待工作，并倾尽全力，以取得好的结果，进而实现加薪升职，取得事业成功的目标。

有了目标，就可以改变工作中、事业上的不理想现状，包括低微的职位、枯燥乏味的工作、看不见光明的事业等。当你为自己制定了一个远大的目标之后，便会感觉到涌动在心底里的巨大的潜能，而正是这个潜能可以改变人的一生。目标对成功还有更多不可估量的价值。

1. 目标使人看清使命，产生动力

有了目标，对自己心目中喜欢的世界便有了一幅清晰的图画，就会集中精力于所选定的目标上，因而你也就更加热心于自己的目标。

2. 目标有助于分清轻重缓急，把握重点

人有目标，你就很容易陷进跟理想无关的琐碎事务中。一个忘记最重要事情的人，会成为琐事的奴隶。

3. 目标使人感受到生存的意义和价值

人们处事的方式主要取决于他们怎样看待自己的目标。如果觉得自己的目标不重要，那么所付出的努力自然也就没有什么价值；如果觉得目标很重要，那你就会感到生存的重要意义，你就会觉得为目标付出努力是有价值的。

4. 目标使人集中精力，把握现在

目标对目前的工作具有指导作用。也就是说，现在所做的，必须是实现未来目标的一部分。如果你把自己的精力集中在此时此刻手边的工作上，心中明白你现在的种种努力都是为将来的目标铺路，那么你就能重视现在，把握现在。

5. 目标使人把工作重点从过程转到结果

有很多人虽然工作很努力，做了大量的工作，有时甚至付出了艰苦的劳动，但他们并没有成功。有很大一部分原因就是因为他们混淆了工作本身与工作成果。只重工作过程并不能保证成功，要让一项工作有意义，就一定要使它朝向一个明确的目标。事业成功的衡量标准不是你做了多少工作，而是取得了多少成果。

6. 目标能提高激情，有助于评估进展

目标可以使你心中的想法具体化，看得见摸得着，这样工作起来也会心中有数，热情高涨。目标同时又提供了一种自我评估的重要手段，你可以根据自己距离目标有多远来评估自己取得的进步。

7. 目标使人产生坚定的信念和战胜困难的勇气

信念、勇气来自于"知己知彼"。对目标及实现过程的清晰透彻的认识，必然使你从容不迫，处变不惊。

8. 目标使人未雨绸缪

目标能帮助你事前谋划，使你把要完成的任务分解成可行的步骤，做好充分准备，达到提前决断，而不是事后补救。

9. 目标使人自我完善，永不停步

自我完善的过程，其实就是不断去实现目标的过程。而要实现目标，你必须全神贯注于自己的优势。目标能使你最大限度地集中精力，让你不断地在自己有优势的方面努力。

设定目标对你事业方面的作用，一开始可能不是太大就像航行在大海里的巨

轮，虽然航向只偏了一点点，一时很难注意，可是在几个小时或几天之后，便可能发现船会抵达完全不同的目的地。而你坚持了自己的目标，船就会按你的方向航行。

皮尔原来只是美国一家软件公司的普通职员。从他大学刚毕业走进公司的第一天起，他就为自己定下了一个目标：用两年时间当上部门经理。从那天起，"部门经理"就像一面旗帜，他没有一天不按部门经理的身份要求自己。目标真是一个奇妙的东西，它使皮尔每天都被工作的疯狂激情驱使着，虽然这样工作起来有些累，但劳累过后，看着自己的工作业绩，他便能体会到生活的幸福。

到公司不到1年，他就被提拔到了主管的岗位上，他工作起来更加努力了，为此他牺牲了许多娱乐和休闲时间。有了目标，他不觉得工作是累的，而是一种享受。事业像一列巨大的火车，他就在车上跟着时代的步伐向前跑，不达目标誓不罢休。他的工作能力和工作业绩得到了公司总裁的肯定，在当上主管不到半年的时间里，他就被提升到了部门经理的职位上，成为公司里提拔最快的、最年轻的经理。

皮尔为什么能从普通职员岗位上，迅速升至主管，不久后又升任部门经理？这就是他有目标随时鞭策自己的缘故，这也是目标在一个人身上发挥神奇效能的有力例证。

目标激励法的应用，应从以下几个方面入手。

1. 团队目标要与个人目标联系起来

在实行目标激励的时候，要求企业管理者能够将大家所期待的未来着上鲜艳的色彩，同时也要对实现目标的过程进行规划。在实施激励的过程中，应该避免只是空谈目标而在日常工作中将其弃之一边的情形发生。若要把企业目标真正地建立起来，就要将崇高远大的情感传达到员工那里，并从他们那里得到发自内心的回应，使他们真心诚意地投入到工作中去。

在激励过程中最重要的是灌输目标的整个过程，这需要企业上下开诚布公地全面参与，使员工自觉将个人理想与企业目标联系起来。

企业提出明确的目标，并由管理者有效地与员工进行沟通和传达，让每一个员工都明白自己所做的工作，这对于实现企业的目标具有极其重要的作用。以明确的奋斗目标来激发员工的斗志，并让员工把个人目标和企业目标良好地结合起来，从而增强员工的责任感和主动意识，让每一个员工都为同一目标而不断努力奋斗。

在企业组织中，每个员工都或多或少地有所期望，但这种期望并没有形成一种动力，就如同每个人都希望拥有漂亮的房子但却没有设计蓝图一样。因此，成功的管理者就是要发掘员工的期望，并把这种共同的期望变成具体的目标，而一旦这个具体的目标或理想生动鲜明地体现出来，员工就会从思想上产生一种共鸣，就会毫不犹豫地追随你。形象地说，管理者利用明确而具体的目标激励员工，就是充当一个"建筑师"的角色，"建筑师"把自己的想法具体地表现在蓝图上，让"建筑"的形象生动鲜明地体现出来，以此激发员工为之努力工作。

当然，即使有行动的蓝图，如果没有清楚地规划出实现过程，也无法使大家产生信心。因此，在规划远景的同时，还必须规划出实现远景的过程。这是一个必经的过程，指的就是从现在到实现目标所采取的方法、手段及必经之路。

2. 目标不要太大，如果必须大，则要学会分解

我们可以将目标的实现分成若干阶段，这样既不至于使目标太大，难以激起员工的兴趣，也不至于使目标太小，让员工觉得没有意义。

要让员工和企业有一个共同目标。在成功企业中，通常用塑造一个共同目标，创造共同的价值理念来激励员工。

美国电报电话公司总裁鲍伯·艾伦发现，该公司过去的想法和做法都像是受保护的公用事业，现在必须改变，而且是在行业动荡不安时进行改变。公司的规划部门为关键性的战略任务提出一个定义，也就是让现有的网络承载更多的功能，开发新产品，从而符合新兴信息事业的需求。艾伦决定不用这样理性和分析性的名词来谈公司的目标。他也不谈论以扩张竞争态势为重点的战略意图。他选择了非常人性化的名词，他说："公司致力于让人类欢聚一堂，让他们很容易互相联系，让他们很容易接触到需要的信息——随时、随地。"这个陈述，表达了公司的目标。但他用的都是非常简单而人性化的语言，使人人都能理解。重要的是，员工能对这样的任务产生共鸣并以此为骄傲。

让企业上下都愿意为企业目标奉献力量，并让这样的努力持之以恒，应该是管理者追求的目标。明确的企业目标是正当可行的，它不是公关惯用的华丽辞藻，也不是鼓舞士气的夸大宣传。所以，管理者对定义恰当的目标应作出具体的承诺。

美国康宁公司总裁哈夫顿曾委派公司最能干、最受尊敬的资深经理人负责康

宁公司的品质管理。尽管经历了一次严重的财务紧张，哈夫顿还是拨出500万美元，创立了一个新的品质管理学院，用以实施康宁公司大规模的教育和组织发展计划。他还承诺将每个员工的训练时间提高到占工作时间的5%。康宁公司的品质管理计划很快就达到了哈夫顿的目标。正如一位高层经理所说："它不只改善了品质，更为员工找回了自尊和自信。"

3. 设定有挑战性的目标

杰克·韦尔奇说："我不断为每一位员工提供富有挑战性的工作，由此造就了了不起的通用员工，然后，再由他们造就了了不起的产品和服务。"

目标，对于员工的激励作用，是毋庸置疑的，但是过低的目标对于激励员工是无益的，只有高目标才能使员工发挥出最大的潜能。

高尔基曾说过："一个人为自己定的目标越高，那么他的潜能就发挥得越好。"企业要想把员工的潜能发挥得淋漓尽致，就必须制定一个员工跳起来才能得到的目标。遗憾的是，许多企业管理者并没有认识到这一点，他们往往把目标定得太低，让员工轻而易举地就能达到，使员工失去工作激情。传统思维和常规认为，如果制定过高的目标，可能会难以实现而使员工产生恐惧的心理，达不到激励员工的目的。但是，只要帮助员工找到实施目标的方式和手段，高目标不仅不会使员工恐惧，反而会激励他们充分发挥自己的潜能，唤起他们不断挑战的热情。所以，优秀的管理者总是制定需要员工跳起来才能达成的目标，在员工不断地发挥潜力、不断成长和进步的过程中推动企业的发展。

卓越的管理者都善于通过增加挑战来赋予员工更多的工作激情，从而给员工更强的成就感，引导他们在岗位上精益求精。

市场变幻莫测，科技交替也日新月异，在竞争异常激烈的市场中，企业如若不能持续增长，就很可能被对手超越，最后淘汰出局。而要保证企业的持续增长，就必须不断地给每一位员工提供富有挑战的工作，激励他们不断创新、变革，以此来加强企业内部活力，推动企业不断向前发展。

通用电气公司人力资源管理的核心，就是"给每一位员工都提供挑战性的工作"。使他们从挑战中得到激情，并从中获取经验。自从韦尔奇执掌通用后，他尽可能地为通用电气的每一位员工提供挑战更高目标的机会，使通用得以长久保持在商界的领先地位。

优秀的公司与其他普通公司相比，区别就在于敢于制定更高一级的目标。著名的马尔斯糖果公司就是靠着近乎完美的目标来激励员工，使企业在竞争激烈的糖果市场上处于不败之地。

玛莎糖果公司的秘诀用一句话来说就是："把目标订到百分之百，竭力所能追求完美，否则就等于是在放纵自己，到头来只会自食其果。"马尔斯糖果在质量上定下的百分百标准，从统计学的角度来看，几乎是不可能的。但正如他们自己所说的，如果在制定目标时就预先体谅自己，为自己找好借口，降低目标，那目标也就失去意义了，这无异于是在放纵自己的惰性。

有一次，玛莎糖果公司的管理者福里斯特·马尔斯发现有一组棒棒糖没有按标准装好，他大发雷霆，盛怒之下，搬出了所有存货，一个个地砸在了会议室的玻璃板上，他绝不容忍任何一个有缺陷的产品出厂。

这种精益求精的态度，不仅存在于管理阶层中，更是每一个员工追求的目标。也正因为如此，马尔斯糖果公司的实力不断提升，在强手如林的糖果市场上保持着领先地位。

真正懂得用目标来激励员工的企业，都懂得利用挑战来使目标激励作用最大化，他们会制定跳起来才够得到的目标，竭尽所能地追求完美。这样的企业，从来不会容忍所谓的"可容忍过失"。

阿迪达斯公司制定的"无次品"目标，就是绝无"可容忍过失"的具体表现。"无次品"目标极大地调动了员工的积极性，增加了员工工作的挑战色彩。为了实现这一目标。阿迪达斯专门雇用了近2000名质量检验人员，质量监察员定时检验产品的生产线，把不合格的产品送回重新生产，并负责把所有发现的错误列成统计图表，用以了解产品质量状态。质量管理人员检验过的产品，检验人员再次做彻底的检查。

如此的高标准、严要求，充分激发了员工的潜能，每一位员工在工作时都投入自己百分百的精力，从不疏忽大意，高质量标准成就了阿迪达斯。使公司的产品因质优而畅销全球，成为许多经销商的免检产品，也为公司树立了良好的企业形象。

这些卓有成效的企业，无一例外都实施了增加员工工作的挑战色彩的措施，靠着这些措施，这些企业渡过了无数难关。苹果电脑公司也是其中的典型。

自1990年以来，在家用电脑市场排名第一的苹果公司，市场占有率一直在10%~14%，可是到1994年上半年，却跌落到了10%以下。而当时强有力的挑战者——惠普和康柏，正跃跃欲试地想要取苹果而代之，成为新的行业领袖。

面对这种情况，总裁斯平德勒采取了一系列激励措施，他赋予每一个员工更富有挑战性的工作，并从中提升一些优秀的管理人员和创新人员，安排他们到一些重要的岗位任职，以此消除长久以来广泛弥漫于员工之间的自满情绪。这种新的挑战，极大地激发了员工的工作热情和潜力，提升了企业的活力，增强了核心竞争力，使苹果重新走上高速发展之路。

在人力资源决定企业竞争优势的今天，就参与竞争的企业而言，谁能有效地增加工作的挑战色彩，谁就能更充分地激发员工的潜能，从而推动企业的不断发展。

荣誉激励法

所谓荣誉激励，是指企业对员工工作态度和贡献所给予的荣誉奖励，如发给荣誉证书、会议表彰、在公司内外媒体上的宣传报道、记功、休假、疗养、外出培训进修、推荐获取各种社会荣誉等。每位员工都对归属感及成就感充满渴望，都希望自己的工作更有意义。如果说自我实现是人类最高层次的需要，那么荣誉就是一种终极的激励手段。

管理专家认为，追求良好的声誉是企业经营者成就发展的需要。经济学家则从追求利益最大化的理性假设出发，认为经营者追求良好声誉是为了获得长期利益。著名的跨国公司IBM有一个"百分之百俱乐部"，如果公司员工能够完成他的年度任务，就会被批准为该俱乐部会员，他和他的家人就会被邀请参加隆重的集会。结果，公司的雇员都将获得"百分之百俱乐部"的会员资格作为第一目标，以获取那份荣誉。IBM公司通过这种方法，很好地激励了员工。

对于员工，不要太吝啬一些头衔、名号。一些名号头衔可以换取员工的认同感，从而激励起员工的干劲。日本电气公司在一部分管理职务中实行"自由职衔制"，就是说可以自由加职衔，取消"代部长、代理""准"等一般普遍管理职务中的辅助头衔，代之以"项目专任部长""产品经理"等与业务内容相关的、可以自由加予的头衔。

用荣誉激励员工，首先要认清荣誉的本质。荣誉的设置是为了奖励先进，表扬贡献，鼓舞士气，是一种激励。既然是奖励先进，就不能搞平均主义。不幸的是，很多企业的荣誉设置常常是"轮班制"——这月你当，下月我当，为了团结，轮流坐庄。"荣誉轮流坐，本月到我家"。这种荣誉设置几乎毫无意义，顶多展示一下企业在管理上的规范性。

平均主义就是荣誉的"泻药"，只要一沾上，再好的荣誉也会拉肚子。所以，设置荣誉时应当有统一规范的指标要求。我们以成大方圆药店为例。

成大方圆药店的"服务之星"只设置了三项硬指标：一是要完成本月销售计划；二是顾客满意度高，没有顾客投诉；三是同事满意度高，该店员所得投票必须排在门店候选人前列。第一个指标是经济标准，第二个指标是服务标准，第三个指标是团队标准。这三大硬指标设计得比较有艺术性，既讲效益，又讲持续发展，还很好地控制了内部的竞争强度，避免内讧。

也许有人会问，这样设计荣誉评定标准就一定可以避免平均主义吗？可以肯定地回答：不能完全避免。道理很简单，前两个指标都达到之后，大家就可以在同事满意度上搞平均主义。那么，如何避免这种情况的发生呢？管理者要从四个方面下手。

1. 增加副选项，提高"摘星"的难度

成大方圆药店评选"服务之星"的第二标准是"服务之星"还必须满足地区"特色"的标准。比如店员要替顾客着想，不流失顾客，有忠诚的顾客群，柜组无过期产品，陈列丰满、新颖、美观，此外，选手还要经常开动大脑，能够给门店或地区提合理化建议。这种副选项督促员工全面提升服务水平，为企业献计献策，同时也过滤掉一批保守安逸的员工。

2. 加强监督，保证"星"的亮度，防止有人浑水摸鱼，名不副实

成大方圆药店采取总部与门店双重监督，不定期对"服务之星"的工作进行突击检查，一旦发现有不符合评选方式或评选标准的店员当选，则可降低其星级或取消其"服务之星"称号。

3. 搞动态荣誉，而不是静态荣誉

"服务之星"每季度评选一次。本季度当选的店员佩戴一颗红星标志，连续两季度当选的店员佩戴两颗红星标志，依此类推，连续五季度以上当选的店员则佩戴五颗红星。但是，如果"服务之星"在下一季度没有连续当选，则不佩戴任何标志；升星级只能连续当选，不能隔季度累加。这种巧妙的设计是对平均主义的致命打击，只有积分累积达到要求，才能得到利益与荣誉。如果放弃一次就得从头再来，损失很大，因而大家就都不愿意放弃，领导与未获得者也不好意思来搞平均主义，使荣誉真正是靠争取得来，而不是靠施舍得来，创造出合理竞争的氛围。

4. 设置比例

从参选的5000名员工中评出500名。这个比例标准设置得比较恰当，不高也不低，既不会失去荣誉的先进性，也不会失去员工的参与性。

让荣誉真正起到激励员工的作用，必须注意以下四点：

（1）荣誉是奖励先进的，不是奖励权力的，各级荣誉要分清。特别是像"小红星"这种基层荣誉，更不能让管理层参与。如果他们参加，本身就不公平，给他们，员工会认为有权力就有业绩，感到不平等；不给他们，就会有好事者无事生非。因而荣誉的设置可以分开层次，比如普通员工有小星星奖，店长有大星星奖。成大方圆在这方面做得也不错，明确规定店长和主任不得参与"小星星"评选。

（2）荣誉是奖励贡献的，不是奖励资历的，不能论资排辈。许多企业都有这样的固定思维，只要评选，首先要考虑资深员工，认为如果荣誉不给他们，不仅对不起他们，让他们心理失衡，资格浅的人也不自在，这样荣誉也就成了论资排辈。有的企业为了平衡这种矛盾，采取晋级制，比如将荣誉分为五个等级，一"星"是资格浅的，五"星"是资格老的。星多，只表明他工作时间长。这种做法将会使荣誉僵化，悄然死亡。成大方圆采用的是动态奖励，"星"多少主要表现在业绩，与资历无关，一个季度没评上，就没"星"了，又必须从头再来。

（3）荣誉需要郑重其事地授予，不能简单草率行事。颁布荣誉需要隆重的仪式，仪式越隆重激励的作用越大。IBM、玫琳·凯等著名企业每一次授予荣誉都兴师动众，极度招摇，恨不得让功臣们成为全世界的焦点。成大方圆在这点上做得也不错，通过内部报纸、会议等方式，让每一位获"星"的员工都能感受到公司对自己的重视。

（4）荣誉要与利益挂钩。利益包括经济利益、福利利益、机会利益等，只有精神奖励的荣誉很难使员工保持持久的热情，荣誉必须有载体。成大方圆设置"服务之星"奖励时就充分考虑到这一点，既发奖金，又给予培训提升，还送了一批"星"到香港去旅游。让员工感受到，有"星"不仅风光，还很实惠。

综上所述，荣誉的授予需要精心设计，精心执行，需要高超的技巧。

通过荣誉激励法激励员工，有四个方面的内容。

1. 给员工一些响亮的头衔

对那些长期以来一直在为企业默默奉献的员工，或在某个领域有突出表现的员工，企业管理者不妨授予他们一些响亮的头衔或名号，以换取员工的认同感，从而激励他们更好地为企业服务。

员工感觉自己在公司里是否被重视是工作态度和员工士气的关键因素。经理人在使用各种工作头衔时，要有创意一些。可以考虑让员工提出建议，让他们接受这些头衔并融入其中。其实，这是在成就一种荣誉感，荣誉产生积极的态度，而积极的态度则是成功的关键。比如，你可以在自己的团队设立诸如"创意天使""智慧大师""霹雳冲锋""完美佳人"等各种荣誉称号，每月、每季、每年都要评选一次，当选出合适人选后，要举行适当隆重的颁发荣誉的仪式，让所有团队人员为荣誉而欢庆。

2. 休假也是一种好方法

如果员工做出了突出贡献或提前完成了全年的营销计划，不妨用休假的方法来奖励他们。在员工眼里，这样的休假其实也是一种荣誉。

3. 表扬那些成绩突出的员工

如果企业管理者能够充分地运用表扬来表达对员工的肯定和赏识，不但能有效地提高员工的工作效率，还能够引发其他员工对这种荣誉的追求。

需要注意的是，管理者在表扬一位员工时，一定要注意表扬员工所独自具有的那部分特性。如果表扬的是所有员工都具有的能力或都完成的事情，会让被表扬的员工感到不自在，也会引起其他员工的强烈反感。

总之，表扬是激励员工的最好方法之一，也是增强企业吸引力的重要方式。但如果方法不对，其收效就会大打折扣，甚至会带来副作用。

4. 写出你对员工的欣赏

书面表扬肯定让人回味无穷，它是一份值得珍藏的永久荣誉证书。

员工做出成绩，都希望得到上司的肯定，如果仅仅得到上司口头上的表扬，虽然也有激励作用，但绝对没有书面表扬更有效。

最好的方式是能把你对员工的欣赏写出来，因为口头表扬随着时间的流逝会让人淡忘，而书面表扬（哪怕是个小小的便条）则会永远存在。这并不需要花什么钱，也不会占用太多时间。下面提供三条书面表扬的方式供参考。

（1）给员工写感谢卡。企业管理者可以准备一些卡片，卡片正面印有漂亮的"谢谢你"几个字，背面是空白。每当员工做了值得称赞的事情时，部门领导就在上面写上一条，详细写明他的成绩及对他的评语。

（2）给表现突出的员工颁发证书或奖章。证书和奖章对员工的激励是巨大的，虽然员工嘴里不说，但每个人都十分重视这一点。稍微留意一下你就会发现，很多员工都喜欢把这些荣誉悬挂、摆放在宿舍、办公室、工作台或家中。员工的工资可能很快就会花光，衣服可能很快就会穿坏、旅游随着时间也会变成遥远的回忆，但是证书或奖章却能永远提醒他曾经得到过怎样的荣誉。

（3）为员工建立业绩档案。企业管理者可以给优秀员工寄表扬信。可以把信封装入标有"成功档案"的档案夹中，并写上下述鼓励："也许你以后会遭遇失败，但你要记住，你曾经成功过，你曾经是一个优秀的人，只要你努力，没有什么可以难得住你。""我们公司永远以你为荣，你是一个有能力的人，相信你以后会表现得更优秀。"这些文字可以给员工战胜困难的勇气和信心，会帮助员工克服各种各样的工作困难。

总之，书面肯定与表扬是一份值得珍藏的荣誉证书，会让员工回味无穷。巧用书面激励，会让员工感到自己得到了莫大的荣誉，而这种看得见、摸得着的荣誉会激励他们继续努力，为企业作出更大的贡献。

人在一起叫团伙，心在一起叫团队

part 10

高效能团队的7个思维模式

优秀是一种习惯。

——亚里士多德

凡事全力以赴，做自动自发的人

谈起自动自发，首先要讲一个送信的故事。

1895年，西班牙入侵古巴，1897年，美国军舰驶入哈瓦那港，1898年，西班牙军队击沉了美国军舰，美国随即对西班牙宣战。美西战争爆发后，美国总统必须立刻把一封信交给西班牙反抗军首领加西亚手中，希望能和他尽快取得合作。但是加西亚深藏在古巴深山中，没有人知道确切的地点，找到他非常困难。这时一个陆军低级军官接受了这个任务，他就是罗文，罗文拿到这封密信后，把它装进油布制的袋子里，封好，放在胸前，划着一艘小船去到那个陌生而神秘险恶的国度，寻找那个隐秘的人物。4天之后的一个夜里在古巴上岸，钻进丛林中，他经历了"勇闯牙买加、海上遇险、丛林枪声"等艰难险阻之后，终于在3个星期后按规定时间把那封信交给了加西亚，从而保证了美军在战争中获得胜利。

上司不知道加西亚的地址，需要罗文自己去寻找。罗文送信的路途坎坷艰难，但是他没有退缩，在送信的路途中，罗文行进在古巴森林中的时候，美国强大的海军正在进攻菲律宾马尼拉湾，已经打垮了那里的西班牙舰队。罗文知道美国海军已经击沉西班牙战舰，他意识到形势十分急迫。在这样一个关键的时刻，他和他的队友们一分钟也不能耽误了。于是，天还没亮，他们又前进了。他终于克服了遇到的种种困难成功地完成了送信任务。

他之所以能够成功完成任务，其中非常重要的一点就是罗文拥有主动自发的宝贵品质。那么，什么是主动自发呢？主动自发就是指在没有人要求和强迫的情况下，自觉而且出色地做好自己应该做的事情。

在团队发展中也需要主动自发的品格。当上级交给我们一些事情的时候，他一般只提出目标和要求，至于事情如何才能处理好，怎么才能把事情做得更完美……就都需要我们自己去发挥主动性和创造性。特别是当我们要独当一面的时候，更需要具有主动思考解决问题的品质。也只有具备主动自发精神员工才是优秀的员工。

约翰在一家商店工作，他一直认为自己是一个非常优秀的员工，每天都能完成自己应该做的事——记录顾客的购物款。于是，约翰向经理提出了升职的要求，没想到经理竟然拒绝了他，理由是他做得还不够好。约翰非常生气。一天，约翰像往常一样，做完了工作后就和同事站在一边聊天。正在这个时候，经理走了过来，他环顾了一下周围，示意约翰跟着他。约翰不知道经理到底要做什么。只见经理一句话也没有说，就开始动手整理那些订出去的商品，然后，他又走到食品区，清理柜台，将购物车清空。

通过这个故事我们可以看到约翰显然做得还不够好，约翰虽然做完了自己该做的事情，却没有站在公司的立场上想一想还有什么需要做的，因为没有更多的努力，所以也就只能收获自己付出的那点有限回报了。

约翰这种情况在企业中很普遍，我们常常会听到这样的说法，"你领导指向哪里，我就打到哪里""你不指挥，对不起，我就休息"，"你叫我干，我就干，你不说，我就不干"，在工作中不去积极主动地思考，而是一味地执行命令，即便发现某个程序可能有问题，也不去理睬，结果发生事故。其实这样做的员工已经丧失了自己的主动性，是消极怠工，故步自封。

主动自发地工作，员工才会有更大的地步，才会有光明的前途。

张同和李雷同时受雇于一家店铺，开始他们拿同样的薪水。但是过了一段时间后，张同又是升职又是加薪，这让还在原地踏步的李雷感到很不平衡，他认为老板不公平。终于有一天他到老板那儿发牢骚。老板一边耐心地听他的抱怨，一边在想着怎么能让李雷看到张同的优点。后来老板想出这样一个办法。

"李雷，"老板让李雷去集市上看一下今天早上有什么卖的。过了一会儿工夫，李雷从集市上回来向老板汇报说："今早集市上只有一个老农在卖一车土豆。"

老板问："有多少？"

李雷没问，于是又赶紧跑到集市上去查看，回来后告诉老板说："一共有40袋。"

老板继续问他："多少钱一斤？"

李雷又是不知道，他委屈地对老板说："您又没有让我打听价格。"

"好吧，"老板接着说，"现在请你坐在后边别出声，看看张同怎么说的。"于是老板把张同叫了过来，也是让他去集市上看今天都卖什么东西。

不大一会儿工夫，张同从集市上回来了，他向老板汇报说："今天集市上只有一个农民在卖土豆，车上一共有40袋，每斤价格是两毛五。我看了看，那些土豆质量不错，而且价格也很便宜，所以，我带回来让您看看。"

张同边说边从包里拿出一个土豆，"我想这么便宜的土豆一定可以赚钱，根据我们以往的销量，40袋土豆在一个星期左右就可以全部卖完。所以我把那个农民也带来了，他现在正在外面等您回话呢。"

此时老板转向了李雷，说："现在你知道为什么张同比你的薪水高了吧？"

李雷佩服得五体投地。

正是因为张同能积极主动地思考，主动自发地从公司的角度考虑问题，为公司能更好地发展建言献策，所以他获得升职和加薪是理所应当的。哈伯德说："像罗文这样的人，我们应该给他立塑像，以表彰他的精神。年轻人所需要的不仅仅是从书本上学习来的知识，也不仅仅是他人的一些教诲，而是一种精神：主动自发，迅速地行动起来，全力以赴地完成任务——'把信送给加西亚'。"

不找借口找方法，方法总比困难多

著名的美国西点军校有一个久远的传统，遇到学长或军官问话，新生只能有四种回答：

"报告长官，是。"

"报告长官，不是。"

"报告长官，没有任何借口。"

"报告长官，我不知道。"

除此之外，不能多说一个字。其中"没有任何借口"是许多人一开始最不适应，但随后最为推崇的一句话。

新生可能会觉得这个制度不尽公平，例如军官问你："你的腰带这样算擦亮了吗？"你当然希望为自己辩解，如"报告长官，排队的时候有位同学不小心撞到了我"。但是，你只能有以上四种回答，别无其他选择。在这种情况下你也许只能说："报告长官，不是。"如果军官再问为什么，唯一的适当回答只有："报告长官，没有任何借口。"

在西点，接到命令时，他们没有任何借口，"保证完成任务"；遇到困难时，他们要努力寻找方法，不找任何借口；违反纪律时，他们要勇于承担责任，没有任何借口；面临挫折时，他们还是要挺身而出，没有任何借口！

在二战时期，盟军决定在诺曼底登陆。在正式登陆之前，艾森豪威尔决定在另外一个海滩先尝试一下登陆的困难。他把这个任务交给了三位部下。经过多次的讨论，那三位部下一致认为：这是一次不可能成功的行动，所以他们力劝艾森豪威尔取消这个计划。后来，艾森豪威尔把这个任务交给了希曼将军，希曼将军义无反顾地接受了这一任务。这一次战斗是极其惨烈的，盟军损失1500人，几乎全军覆没。但是这一场战斗为后来的诺曼底登陆提供了不可多得的经验和教训，从而使诺曼底登陆一举成功。

希曼将军就是一位服从指挥、具有强大执行力的优秀将才。他接到任务后不多说一句话，就是不折不扣地去执行，这种强大的执行力来源于士兵心目中"没有任何借口"的意识。

从西点军校出来的学生许多后来都成为杰出将领或商界奇才，不能不说这是"没有任何借口"的功劳。真诚地对待自己和他人是明智和理智的行为，有些时候，为了寻找借口而绞尽脑汁，不如对自己或他人说"我不知道"。这是诚实的表现，也是对自己和他人负责的表现。对此，齐格勒建议说："如果你能够尽到自己的本分，尽力完成自己应该做的事情，那么总有一天，你能够随心所欲从事自己要做的事情。"

尽自己的本分就要求我们勇于承担责任，承担与面对是一对姐妹，面对是敢于正视问题，而承担意味着解决问题的责任，让自己担当起来。没有勇气，承担就没有基础；没有承担力，面对就没有价值。放弃承担，就是放弃一切。假如一个人除为自己承担之外，还能为他人承担，他就会无往而不胜。

人们必须付出巨大的心力才能够成为卓越的人，如果只是找个借口搪塞为什么自己不全力以赴的理由，那真是不用费什么力气。

一个被下属的"借口"搞得不胜其烦的经理在办公室里贴上了这样的标语："这里是'无借口区'。"他宣布，9月是"无借口月"，并告诉所有人："在本月，我们只解决问题，我们不找借口。"这时，一个顾客打来电话抱怨该送的货迟到了，物流经理说："的确如此，货迟了。下次再也不会发生了。"随后他安抚顾客，并承诺补偿。挂断电话后，他说自己本来准备向顾客解释迟到的原因，但想到9月是"无借口月"，也就没有找理由。

后来这位顾客向公司总裁写了一封信，评价了在解决问题时他得到的出色服务。他说，没有听到千篇一律的托辞令他感到意外和新鲜，他赞赏公司的"无借口运动"是一个伟大的运动。借口往往与责任相关，高度的责任心产生出色的工作成果。要做一个优秀员工，就要做到没有借口，勇于负责。许多员工习惯于等候和按照主管的吩咐做事，似乎这样就可以不负责任，即使出了错也不会受到谴责。这样的心态只能让人觉得你目光短浅，而且永远不会将你列为升迁的人选。

巴顿将军在他的战争回忆录《我所知道的战争》中，曾写到这样一个细节：

"我要提拔人时常常把所有的候选人排到一起，给他们提一个我想要他们解决的问题。我说：'伙计们，我要在仓库后面挖一条战壕，8英尺长，3英尺宽，6英寸深。'我就告诉他们那么多。那是一个有窗户或有大节孔的仓库。候选人正在检查工具时，我走进仓库，通过窗户或节孔观察他们。我看到伙计们把锹和镐都放到仓库后面的地上。他们休息几分钟后开始议论我为什么要他们挖这么浅的战壕。他们有的说6英寸深还不够当火炮掩体。其他人争论说，这样的战壕太热或太冷。如果伙计们是军官，他们会抱怨他们不该干挖战壕这么普通的体力劳动。最后，有个伙计对别人下命令：'让我们把战壕挖好后离开这里吧。那个老畜生想用战壕干什么都没关系。'"

最后，巴顿写道："那个伙计得到了提拔。我必须挑选不找任何借口地完成任务的人。"

当西点毕业的格兰特将军赢得了美国内战的胜利，开辟了美国历史的新篇章后，很多人开始寻找格兰特制胜的原因。在格兰特将军做了美国总统后，有一次，他到西点军校视察，一名学生毕恭毕敬地对格兰特说：

"总统先生，请问西点军校授予您什么精神使您义无反顾、勇往直前？"

"没有任何借口。"格兰特的回答铿锵有力，掷地有声。

"如果您在战争中打了败仗，您必须为自己的失败找一个借口时，您怎么做？"

"我唯一的借口就是：没有任何借口。"

"没有任何借口"看起来过于绝对、很不公平，但是人生并不是永远公平的。西点军校就是要让学员明白，无论遭遇什么样的环境，都必须学会对自己的一切行为负责！现在他们只是军校学生，恪尽职责可能只要做到服装仪容符合要求即可，但是日后肩负的却是自己和其他人的生死存亡乃至整个国家的安全。在生死关头，你还能到哪里去找借口？哪怕最后找到了失败的借口又能如何？

"没有任何借口"，让西点学员养成了毫不畏惧的决心、坚强的毅力、完美的执行力以及在限定时间内把握每一分每一秒去完成任何一项任务的信心和信念。

任何借口都是推卸责任，在责任和借口之间，选择责任还是选择借口，体现了一个人的工作态度，同时，也决定了他的工作效能。有了问题，特别是难以解决的问题时，有一个基本原则可用，而且永远适用。这个原则非常简单，就是永远不放弃，永远不为自己找借口。一个人对待生活和工作的态度是决定他能否做好事情的关键。首先改变一下自己的心态，这是最重要的！很多人在工作中寻找各种各样的借口来为遇到的问题开脱，一旦养成习惯，这是非常危险的。

人的习惯是在不知不觉中养成的，是某种行为、思想、态度在脑海深处逐步成型的一个漫长过程。因其形成不易，所以一旦某种习惯形成了，就具有很强的惯性，很难根除。它总是在潜意识里告诉你，这个事这样做，那个事那样做。在习惯的作用下，哪怕是做出了不好的事，你也会觉得理所当然。特别是在面对突发事件时，习惯的惯性作用就表现得更为明显。比如说寻找借口。如果在工作中以某种借口为自己的过错和应负的责任开脱，第一次你可能会沉浸在借口为自己带来的暂时的舒适和安全之中而不自知。这种借口所带来的"好处"会让你第二次、第三次为自己寻找借口，因为在你的思想里，已经接受了这种寻找借口的行为。不幸的是，你很可能就会形成一种寻找借口的习惯。这是一种十分可怕的消极的心理习惯，它会让你的工作变得拖沓而没有效率，会让你变得消极，最终一事无成。

我们虽然与西点军校不同，但我们始终要有担负任何重任的决心和勇气。尤其是在工作当中，自己要学会给自己加码，始终以行动为见证，而不是编织一些花言巧语为自己开脱。我们无需任何借口，哪里有困难，哪里有需要，我们就义无反顾。借口是一种不好的习惯，一旦养成了找借口的习惯，你的工作就会拖沓、没有效率。

人的一生中会形成很多种习惯，有的是好的，有的是不好的。良好的习惯对一个人影响重大，而不好的习惯所带来的负面作用会更大。下面的五种习惯，是作为一名优秀员工所必须具备的习惯，它甚至是每一个成功人士都应该具有的习惯。这些习惯并不复杂，但坚持去做，你就能成为一名负责任、不找借口的员工。

1. 延长工作时间

许多人对这个习惯不屑一顾，认为只要自己在上班时间提高效率，就没有必要再加班加点。实际上，延长工作时间的习惯对管理者的确非常重要。作为一名高效能人士，你不仅要将本职工作处理得井井有条，还要应付其他突发事件，思考部门及公司的管理及发展规划等。有大量的事情不是在上班时间出现，也不是在上班时间可以解决的。这需要你根据公司的需要随时为公司工作。需要你延长工作时间。

当然，根据不同的事情，超额工作的方式也有不同。如为了完成一个计划，可以在公司加班；为了理清工作思路，可以在周末看书和思考；为了获取信息，可以在业余时间与朋友们联络。总之，你所做的这一切，可以使你在公司更加称职。

2. 始终表现出你对公司及产品的兴趣和热情

作为一名高效能人士，你应该利用每一次机会，表现你对公司及其产品的兴趣和热情，不论是在工作时间，还是在下班后；不论是对公司员工，还是对客户及朋友。当你向别人传播你对公司的兴趣和热情时，别人也会从你身上体会到你的自信及对公司的信心。没有人喜欢与悲观厌世的人打交道，同样，公司也不愿让对公司的发展悲观失望、毫无责任感的人担任重要职务。

3. 自愿承担艰巨的任务

公司的每个部门和每个岗位都有自己的职责，但总有一些突发事件无法明确地划分到哪个部门或个人，而这些事情往往是比较紧急或重要的。对于一名高效能员工来讲，此时就应该从维护公司利益的角度出发，积极去处理这些事情。

如果这是一项艰巨的任务，你就更应该主动去承担。不论事情成败与否，这种迎难而上的精神也会让大家对你产生认同。另外，承担艰巨的任务是锻炼自己能力难得的机会，长此以往，你的能力和经验会迅速提升。在完成这些艰巨任务的过程中，你可能会感到很痛苦，但痛苦却会让你变得更加成熟。

4. 在工作时间避免闲谈

可能你的工作效率很高，可能你现在工作很累，需要放松，但你一定要注意，不要在工作时间做与工作无关的事情。这些事情中最常见的就是闲谈。在公司，并不是每个人都很清楚你当前的工作任务和工作效率，所以闲谈只能让人感觉你很懒散或很不重视工作。另外，闲谈也会影响他人的工作，引起别人的反感。

你也不要做其他与工作无关的事情，如听音乐、看报纸等。如果你没有事做，可以看看本专业的相关书籍，查找一下最新的专业资料。

5. 向有关部门提出管理的问题和建议

抛弃找借口的习惯，你就不会为工作中出现的问题而沮丧，甚至你可以在工作中学会大量的解决问题的技巧，这样借口就会离你越来越远。遇到问题，特别是难以解决的问题，可能让你懊恼万分。这时候，有一个基本原则，而且永远适用，就是坚持到底、永不放弃，不为自己找任何借口。

不是完成任务，而是做出成果

有位老总曾经苦笑着说，他的公司里来了个新会计，做报表的态度很认真，报表的格式也做得漂漂亮亮，整整齐齐三张纸。可惜，报表上的数据与实际发生额相差甚远，不仅老板看了一头雾水，而且连她自己对报表上的原始数据的来源也都说不清楚。于是，这张报表也就成了一张废纸，在公司管理层做决策时一点参考作用都没有。

很多人有一个思想上的误区，认为自己只要完成了老板交代的任务，就是创造了业绩，得到了结果，实际上并不是这样。任务只是结果的一个外在形式，它不仅不能代表结果，有时还会成为我们工作中的托词和障碍。

"执行"并不简单地等同于"做"，而是要"做对""做好"。在完成任务的基础上追求更高层次的结果，所以我们说只满足于"完成任务"的员工不是好员工。

你也许会迷惑，已经完成任务了怎么还不算好员工？这就需要我们对"执行"一词进行深层次的解析。长久以来，人们都将"执行"等同于"做"，只要去"做"就算"完成任务"了，以致造成了很多棘手问题。所以我们说只满足于"完成任务"的员工不是好员工，好员工应该"出色地完成任务"——得到办事的结果。

姜汝祥先生在其著作《请给我结果》一书中举了一个"九段秘书"的例子。

总经理要求秘书安排次日上午九点开一个会议。通知到所有参会的人员，然后秘书自己也参加会议来做服务，这是"任务"。下面是秘书的九个段位的具体做法。

一段秘书的做法：发通知——用电子邮件或在黑板上发个会议通知，然后准备相关会议用品，并参加会议。

二段秘书的做法：抓落实——发通知之后，再打一通电话与参会的人确认，确保每个人都被及时通知到。

三段秘书的做法：重检查——发通知，落实到人后，第二天在会前30分钟提醒与会者参会，确定有没有变动，对临时有急事不能参加会议的人，立即汇报给总经理，保证总经理在会前知悉缺席情况，也给总经理确定缺席的人是否必须参加会议留下时间。

四段秘书的做法：勤准备——发通知，落实到人，会前通知后，去测试可能用到的投影、电脑等工具是否工作正常，并在会议室门上贴上小条：此会议室明天几点到几点有会议。

五段秘书的做法：细准备——发通知，落实到人，会前通知，也测试了设备，还要先了解这个会议的性质是什么，总裁的议题是什么。然后给与会者发去与这个议题相关的资料，供他们参考（领导通常都是很健忘的，否则就不会经常对过去一些决定了的事，或者记不清的事争吵）。

六段秘书的做法：做记录——发通知，落实到人，会前通知，测试了设备，也提供了相关会议资料，还要在会议过程中详细做好会议记录（在得到允许的情况下，做一个录音备份）。

七段秘书的做法：发记录——会后整理好会议记录（录音）给总经理，然后请示总经理是否发给参加会议的人员，或者其他人员。

八段秘书的做法：定责任——将会议上确定的各项任务，一对一地落实到相关责任人，然后经当事人确认后，形成书面备忘录，交给总经理与当事人一人一份，并定期跟踪各项任务的完成情况，及时汇报总经理。

九段秘书的做法：做流程——把上述过程做成标准化的"会议"流程，让任何一个秘书都可以根据这个流程，把会议服务的结果做到九段，形成不依赖于任何人的会议服务体系！

从以上九个不同段位的秘书的做法中我们可以看出，执行并不是只有一个结果，不同执行力的人给出的结果也不同。但无疑九段秘书给出的结果才是最具执行力的体现。

所以，我们在做工作时不能将目光只停留在"完成任务"上，我们应该看得更长远一些，将执行的着眼点放在"结果"上，而且，最好是一个能够创造价值的好结果。

一位企业领导让李浩去买书，李浩先到了第一家书店，书店老板说："刚卖完。"之后他又去了第二家书店，营业人员说已经去进货了，要隔几天才有。李浩又去了第三家书店，这家书店根本没有。

快到中午了，李浩只好回公司，见到领导后，李浩说："跑了三家书店，快累死了，都没有，过几天我再去看看！"领导看着满头大汗的李浩，欲言又止……

买书是任务，买到书是结果，小刘去实践任务，却没有业绩，也就是说，他有了苦劳，却没有功劳。不仅如此，他还浪费了半天的时间，而这半天时间老板必须给他支付工资……

只要动一下脑筋，就可以想到许多好主意。如小刘买书，至少有三种方法可以保证他完成任务，把事做成。

方法一：打电话给书店，确定哪一家书店有这本书，再去购买。

方法二：上网查找这本书的信息，向网上书店订购或直接联系出版社邮购。

方法三：到图书馆查是否有这本书，如果有，就问领导愿不愿花钱复印。这三种方法都可以保证小刘得到书，但他没有这样做，不仅没有解决问题，反倒成为了问题的制造者。

在工作中减少忙碌，用最少的时间圆满完成任务，超越公司既定目标，轻轻松松上班，快快乐乐下班，干得比别人少，成绩比别人好，不但能让老板满意，而且还能给自己多留些休闲的空间，给爱情和家庭多营造一些和谐的氛围，这才是每个人都向往的工作和生活状态。

把结果放在第一位，要求执行者要有结果心态，一切以取得结果为目的，就要精细化我们执行的每一个过程，执行前、执行中的每一个环节都要做到严谨周密的计划。那么，到底怎样做到呢？

1. 在行动前设定目标

目标是一个人行动的指南针。做事找准目标，一个人做事才能够有效率，才能够把需要做的事情做好。有目标的人是在为效率，为美好的结果而忙，没目标的人只会越忙越乱。

2. 有两个目标等于没有目标——明确主要目标

著名效率管理专家史蒂芬·柯维在分析了众多个人在工作上效率低下的案例之

后得出了这样的结论："一个人做事缺乏效率的一个根本原因，就是在于没有固定的目标，他们的精力太过分散，以至于一无所成。"

事实上，当一个人养成做事有"明确的主要目标"的习惯后，就会培养出能够迅速做决定的习惯，而这种习惯对他提高工作效率很有帮助。配合一项"明确的主要目标"做事的习惯，将帮助你把全部的注意力集中在一项工作上，使你行动的效率大大提高。事实证明，最著名的成功商人都是那些能够迅速而果断做决定的商人。

3. 善于规划自己的工作

《如何掌控你的时间与生活》一书的作者拉金说过："一个人做事缺乏计划，就等于计划着失败。有些人每天早上预定好一天的工作，然后照此实行。他们是有效地利用时间的人。而那些平时毫无计划，靠遇事现打主意过日子的人，只有'混乱'二字。"一个人要提高自己做事的目的性，忙于要事，就要养成善于规划的好习惯。比如，填写工作清单是一种明确工作目标的好方法。

4. 及时修正、调整你的计划

公元一世纪欧洲有句著名的格言："不容许修改的计划是坏计划。"我们也有一句俗语叫做"计划赶不上变化"，这两句话都说明了这样一个道理：我们在做事的时候要根据外部环境的变化，及时修正和调整自己的计划，合理地调整目标，放弃无谓的固执。

调整目标须遵循哪些步骤呢？

（1）修正计划，而不是修正目标。如果更改目标已成为习惯，那么这种习惯很可能会让你一事无成。大目标一旦确定，不可轻易更改，尤其是"终端目标"。可以修正的是达到目标的计划，包括达到"终端目标"之前各个"路标"——过程目标。记住英国人的一句谚语：目标刻在水泥上，计划写在沙滩上。

（2）修正时限。如果修正计划还无法达到目标，可以退而求其次，修正目标达成的时间。一天不行，用两天；一年不行，花两年。坚持到底，永不放弃，终将成功。

（3）修正目标的量。如果修正目标的时限还不行，只好对目标的量进行改变。做这一决定时，请"三思而行"，并千万告诫自己，不要轻易压缩梦想以适应残酷的现实。应有的思维模式应是：不惜一切努力，找寻新的方法以改变现实，达到目标。

5. 一次做好一件事

有人问拿破仑打胜仗的秘诀是什么。他说："就是在某一点上集中最大优势兵力，也可以说是集中兵力，各个击破。"

凡是卓有成就的人，有一个共同点，那就是很注意把精力用在做一件事情上，专心致志，集中突破。著名的效率提升大师博恩·崔西有一个著名的论断："一次做好一件事的人比同时涉猎多个领域的人要好得多。"

三星公司开发笔记本电脑要比索尼公司晚得多，但是现在三星的新产品活力十足，新品不断，而索尼的新产品却是"千呼万唤始出来"。

当年，索尼的笔记本电脑因为设计精巧而在市场上很畅销。三星公司为了与索尼公司的经典产品一比高下，决心开发出比索尼Vaio更轻更薄的新款笔记本电脑。

于是，三星高层要求研发人员按照比索尼公司同类产品"至少薄1厘米"的高标准来研发新产品。尽管这在当时看来，几乎是一个不可能完成的任务，但是三星的研发人员经过8次反反复复的实验与提高，还是实现了这个看似不可能完成的目标。

当时主攻技术创新的陈大济（2003年3月被任命为韩国信息通信部部长），带领研发团队接手了这项艰巨的任务。当初，也正是全球经济不景气，其他企业纷纷缩减研发经费之际，陈大济和研发人员勇敢地承担起责任，并没有因为"这是不可能完成的任务"而放弃努力。因为他们知道，如果研发不出比索尼产品"至少薄1厘米"的产品，三星笔记本电脑就超越不了索尼，就没有索尼强大！本着对结果负责，对公司的责任感，使三星的研发人员不断克服技术难题，陈大济成功地实现了在别人看来不可能实现的结果。

全球最大的计算机公司戴尔看到三星的这些产品后大吃一惊，赶紧派人到三星采购。为此，三星顺利地从戴尔手中得到了160亿美元的采购合约，使三星一下成为全球最大的高端笔记本企业之一。

眼睛盯住目标，用方向锁定行动。在当前企业中，员工执行力之所以成为企业的困扰，多是因为员工在执行任务的过程中走进了以下几个误区：

1. 心态误区

（1）自以为是。总是认为上面的决策是不合理的，在执行过程中喜欢按自己的意思去改动，结果一级一级地改动下去最后导致了执行的完全失真。

（2）爱找借口推卸责任。出了问题就怪团队、怪环境、怪条件差，动不动就是"都是某某的错""客源不足，竞争对手太强了"这些辩解的话。

（3）嘴巴尖，眼睛红。在上司面前说其他同事的坏话，在外面就说公司的坏话，无视公司形象。见同事的奖金比自己高就心理不平衡，从不检讨一下自己。

（4）自命清高。摆架子，在客户面前死要面子，决不愿意为客人做些提包倒水的小事。这些心态误区最大的弊端就是影响团队，激化内部矛盾，极大地削弱执行效率。

2. 能力误区

执行者能力误区主要表现在三个方面：

（1）不学习，不上进，能力倒退。不能吸收新思想、新理念，安于现状，反对变革，成为执行的阻力。

（2）把能力使错了方向。智商高，精力充沛，但把能力用在怎样晋升向上爬了，不但无用反而还会起坏的带头作用。

（3）纵容"能力不够的人"。一是不想得罪人，充当老好人；另外就是怕手下的人能力过强，超越自己，所以就起用能力只有自己50%的人。如此一来，执行力无疑就大打折扣了。

3. 不授权

很多人热衷于把权力紧抓在手中，什么事都亲力亲为，结果别人没事干，而他却累得要死，且执行效果还不好。不要认为整天瞎忙就是敬业，其实这是在阻碍效率的提升。

4. 搞内部对立

把"团队精神"和"团伙精神"搞混淆了，和上司、下属称兄道弟，做哥们，搞权力投机。

5. 虎头蛇尾

很多执行者做事就是开始时热心，过了三天就开始松懈了，再过段时间就撒手不管了，一旦这种习惯已经形成，那以后的任何决策都无法彻底执行下去。

这些不良的心态和习惯足以让企业的执行力消失。对此，无论是企业还是普通员工都应引起高度的重视，引以为戒。根据执行力中存在的这几点误区，我们认为提升执行力需要明确以下几点：

（1）是优化工作流程，提高自身素质与工作能力；坚持自我学习和提升。学习就是工作，工作就是学习。

（2）是要注重企业文化，把公司的理念、愿景、使命等与自身的发展、晋升牢牢联系在一起。

（3）是调整心态，自动激发工作热情，使自身总是处在高效工作状态。

（4）是强化责任心，明确自己的任务，戒除懒散。

🕹 信任伙伴，因为怀疑是最大的内耗

美国前总统罗斯福说："一位最佳的领导者，是一位知人善任者，而在下属甘心从事于其职守时，领导要有自我约束能力，不可插手去干涉他们。"

日本"经营大师"松下幸之助说："最成功的统驭管理是让人乐于拼命而无怨无悔，实现这一切靠的就是信任。"

可见，无论何时何地，信任都是领导者带兵的重要手段。再强势的团队领导，总有照顾不到的地方，只有充分授权，把有能力的人安排到各个岗位上，让他们随时随地行使权力，做出符合市场规律和团队要求的正确决策，团队才会高效运转。尤其是当下属能力超过自己的时候，特别需要信任管理。广告创意专家戴维·奥格威早在50多年前就告诫管理团队："如果我们总是雇用那些不如我们的雇员，公司将逐渐成为侏儒，只有当雇用的员工总是超越我们，并放手让他们施展才华时，公司才会成为巨人。"这话说得很有道理。

一位管理着数亿元资产的企业家，一年四季其实真正的管理时间很少，大多数时间要么在国外学习考察，要么就是从事登山等体育活动。当别人探寻他的管理经验时，这位企业家说，我不过是把最优秀的人才集聚起来，组成优秀团队，然后放手让他们去干！这位企业家实施的就是信任管理。信任能增强员工对企业的忠诚感、责任感和使命感，工作起来会更有效率，做到领导在与不在一个样，不遗余力地与企业同甘苦、共命运、创效益。

有一家知名银行，管理者特别信任自己的员工，特意放权给自己的中层雇员，让他们一个月尽管去花钱营销。这让有些人担心他们会乱花钱，可事实上，员工并没有乱花一分钱，反而维护了许多客户，其业绩直线上升，成为业内的一面旗帜。相反，有些管理者，担心员工乱花钱，他们把员工用钱管得很严，好像防贼一样，盘问每一次的开销，生怕别人乱花钱，但是，他们自己却大手大脚，从来不想着节约，结果员工暗地里也想尽一切办法谋取一己私利。

还有一家经营环保材料的合资企业，总经理的办公室跟普通员工的一样，在一个开放的大厅中，每个普通雇员站起来就能看见总经理在做什么。员工出去购买日常办公用品时，除了正常报销之外，公司还额外付给一些辛苦费，这项措施杜绝了员工弄虚作假的心思，每个员工都尽心尽责地工作，想办法为公司节省开支。

通过这些事例，我们可以体会相互信任对于一个组织中每个成员的影响，相互信任尤其会增加员工对组织的感情。从情感建立起来的相互信任，是最坚实牢固的，这种信任能给员工一种安全感，员工才能真正认同公司，并把公司当成自己的家，把这份工作当作自己发展的舞台。

有很多员工会经常遇到这样的情况：我这几年业绩都特别好，为公司创造了很大的成绩，但是，为什么我做了这么多，做得这么好，公司还没有提拔我呢？为什么公司还不提出邀请我做合伙人？的确有很多员工在工作中，能力非常强，业绩非常出色，但是为什么最后没有结果呢？原因非常简单，因为你没有得到公司的信任。要永远记住，忠诚度高于一切，赢得公司的信任比有能力、做好业绩更为重要。

我们常常会发现，公司重用的人，他的能力不一定强，但他一定是最忠诚的人，值得公司信任的人。忠诚度是企业重用员工时首要考核的问题。一个人没有在决策层做过就可能不知道，如果一味地说自己有多棒，为公司创造了多少业绩，这就是没有站在公司的角度来考虑问题，看待自己，就不值得公司信任，即便你能力很强。职场中的人经常会存在一个弊病，喜欢用放大镜看自己公司的缺点，用望远镜看别的公司的优点。他们喜欢发牢骚，抱怨公司不好，说其他公司怎样好，这样的话一旦传到领导耳朵里，便马上失去了信任感，所以如果你的价值观和公司的价值观发生冲突并且无法重合时，那就另作选择，但千万要牢记的是不能因为自己的原因给公司带来负面的影响，也就是在一个公司里面，一定要给领导高度的信任感和忠诚度。

作为一个领导，要信任员工就应该懂得授权给员工。高明的授权方法是既要放一定的权力给员工，又要引起他们的重视；既要检查督促员工的工作，又要让他们感觉自己手里有一定的自主权。总结起来，可以说是，一手软，一手硬，一手放权，一手监督。只有这样的管理才是放权之道的真谛。

例如，美国肯德基国际公司的子公司遍布全球60多个国家和地区，达9900多个。但是，肯德基国际公司在万里之外，又怎么能相信其下属能遵守公司的规章制度呢？一次，上海肯德基有限公司收到了3份总公司寄来的鉴定书，对设在上海外滩的快餐厅的工作质量和店长分3次进行了鉴定评分，分数分别为83、85、88。中方经理都为此瞠目结舌，远在国外的总公司是怎么评出中方店长的分数的呢？原来，肯德基国际公司雇用、培训了一批人，让他们装扮成了顾客潜入店内进行检查评分。这些"特殊的顾客"来无影，去无踪，这就使快餐厅经理和员工时刻感到某种压力，丝毫不敢疏忽，因而，各级肯德基公司能够在全球保持一致的服务标准。

总结起来，一个高效团队是建立相互信任的基础之上的。团队成员之间想要取得信任，可以从以下三个简单的职业操守开始：

1. 正直诚实，兑现承诺

这是最基本最重要的一点。一个人只有自己坚守信用，不失信于人，才能得到他人的信任。否则自己不讲信用，失信于人一次，就等于减少了自己的一分诚信。要想让人相信，就必须要说到做到。做人一定要正直，不因为一些利益，做出出卖他人的举动，这样才会得到他人的信任。

2. 在团队内部不要散播闲话、流言或搬弄是非，更不要妄下评论

要懂得洁身自好，否则多嘴多舌，背地里说人闲话，定然招来很多人反感，无法赢得他人的尊重和信任。长时间下去，还可能受到别人的孤立，导致自己在团队中待不下去。

3. 让反对你的人也信任你

做到这一点非常不容易，需要有极强的自我克制力，多迁就别人，在任何时候和任何人交往都做到诚实无欺，宁可自己吃亏或付出再大的代价，也要言必行、行必果，绝不放任或迁就自己。

🌑 以团队为荣，体验工作的成就感

以团队为荣包含了三个方面：（1）自豪感；（2）荣誉感；（3）成就感。

自豪，是指为自己或与自己有关的集体所取得的成就、荣誉而感到光荣、骄傲。一些员工常常会因为自己在一个非常知名的企业工作而感到自豪，因为当家人或朋友问到自己的工作时，员工可以非常自豪地说我的公司是某某跨国公司，我们在某某公司工作，这家公司是全国十强，电视上某某广告就是我们做的……显而易见，员工们感到非常自豪。

当然，作为现在还处于起步阶段或者刚刚发展起来的公司中的一员，我们也要为之感到自豪，因为一个刚刚成长的公司，也许在每名员工的努力下，它将来也能成为企业界的龙头。而在这样的企业中更容易发挥我们的能力，我们努力收到的效果会更明显。当我们和企业共同成长时，我们会经历很多事情，我们为了共同的理想走到了一起，和团队中的成员团结一心。在团队中，我们会熬夜讨论方案，会为了研究某个问题整日啃着方便面生活。但是，在这个过程中，我们因为爱这个团队，所以，当我们取得一点成绩时，我们更能体会自豪的感觉，这种自豪的感觉还能增加我们继续拼搏，继续奋斗的信心。

自豪感还表现为团队成员对团队的普遍认同感。一个高效的团队往往对团队具有非常高的认同感。他们会把团队建设当作自己的事情，当成自我不可分割的一部分。团队成员的这种自豪感，能使团队成员为了团队的发展，为团队大局着想，甘愿舍弃自身的小利益。自豪感是团队成员愿意为团队奉献的精神动力，它能使员工心系企业、扎根企业、奉献企业，把企业的事情当成自己的事情去做，关注企业的发展，把企业当成自己的企业。

如何增强员工对企业和团队的自豪感呢？

1. 企业应该给员工相对优厚的福利待遇

有些企业本来效益不好，为了节省开支，就降低员工的待遇，以此苟延残喘。然而这样做的结果，只能使更多的人才流失。没有了人才，企业同样会受到大的损失。所以，要想留住人才，就应该给员工好的待遇，留住优秀的员工。同时，还应该让员工知道企业发展的困难，员工的收入没有因此受到影响，他们则会对企业产生好感，则不会计较个人利益的得失，从而为企业发展积极献言献策。即使有时候需要员工无偿加班，那么，员工也会考虑到企业的发展，而不去计较。企业的凝聚力强大了，员工都能齐心协力，共同努力工作，这个企业就能逐渐转危为安。员工因为有这样一个企业而自豪，企业的发展也会使员工感到自豪。这样就加深了员工和企业的感情。这种自豪感便会成为一种持续的动力，支持着员工努力工作，支持着企业不断前进。

2. 多给员工提供培训的机会

作为企业一定要关怀员工的成长，如果企业视员工如机器，不理会员工的心情，员工不能收获关怀，情感上是冷寂一片，那么，员工也不会有自豪感。每名员工都渴望在企业中得到发展和锻炼，希望企业能给自己多创造成功的机会，但是在现实生活中，一些企业为了减少成本，很少给员工进行培训。员工认为企业太吝啬，如资本家一样压榨员工，那么，员工的积极性会大大降低。其实企业给员工作培训，虽然有所消耗，但是，培训能使员工学到好的专业技能，能更好地工作甚至提高工作效率，同时更重要的是，培训能使员工增进对企业的感情，能建立一种自豪感，这样会大大提高员工的积极性，而员工既然有了优越的发展空间，对企业有着很好的感情，又怎么能轻易地走了呢？即便是有人走了，还会有优秀的人才被吸引过来的。这样整个企业必然能够在发展上更上一层楼。例如，陕西一家公司的配货中心就是通过优化完善人才机制、给员工开展培训来激发员工的自豪感，这种方法获得了许多店长及店员的赞许，也增强了他们的集体自豪感。

3. 鼓励员工

经常和员工沟通，多把员工集合在一起开会讨论，在会议上讲明企业的发展状况，并用一些员工的优秀事例来激励员工。对员工做出的成绩要及时鼓励，以便提高员工的积极性。经常鼓励员工，长时间下来，就会对员工有潜移默化的影响，员工的气势上来了，精神面貌会焕然一新。

荣誉感，是人们的一种高层次精神追求，在人生旅程中有着举足轻重的地位。法国思想家孟德斯鸠说："光荣是我们获得的新生命，其可珍可贵，实不下于天赋的生命。"歌德也曾说过："你若失去了财产——你只失去了一点儿，你若失去了荣誉——你就丢掉了许多。"一个人有了强烈的荣誉感，才会有向往荣誉、远离羞耻的道德取向，才能有不畏艰难、顽强奋斗的战斗精神，才会有争创一流、建功立业的无穷动力。一个没有荣誉感的人不会成为一个优秀的人，一个没有荣誉感的团队是没有希望的团队。

西点军校始终把荣誉教育放在优先地位。在西点，每一位学员都必须熟记所有的军阶、徽章、肩章、奖章的样式和区别，记住它们代表的含义和荣誉，同时还要记住西点会议厅有多少盏灯，甚至校园蓄水池有多少蓄水量等这类内容。这样要求，在无形中会培养起学员的荣誉感。

作为企业来说，同样需要培养员工的荣誉感。军人把荣誉视为自己的生命，任何有损军人荣誉的言行都是绝对禁止的。同理，如果一个员工对自己的工作有足够的荣誉感，对自己的工作引以为荣，对自己的公司引以为荣，那么，他在工作中一定会焕发出强大的工作热情。反之，如果一个员工缺乏荣誉感，他就对工作没有了热情，就激发不了他的兴趣，那么，他做起工作来就很困难。因为心不在焉，或者痛苦地工作，所以往往工作做得也不完美，也不求甚解。并且长时间工作还会形成他的厌烦情绪，对公司的规章制度视为是多余和麻烦，违反了规章制度也不知道悔过，对公司的惩罚还会产生抵触心理，这样的人在工作中就不会有积极的作用，时间久了，必然会遭到淘汰。当然，如果这个人是身居要职而又居心不良的"精明能干者"，就会留下很多祸患，不知道什么时候就可能做出有损公司的事情来。所以，每一个企业都应该注意培养员工的荣誉感，每一个员工都应该唤起对自己岗位和公司的荣誉感。

一名学者入住一家有名的宾馆，第二天早晨，他刚打开门就看见走廊上站着一位漂亮的服务员，她走过来对学者说早上好，并叫出了这个学者的名字。这让学者很惊讶，学者问："你怎么知道我的名字。"她回答说每个客人入住我们的旅馆，我们都要记住他的名字和他的房间号。

后来这个学者从四楼坐电梯下去，到了一楼，电梯门刚一开，就有一个服务员站在那里，微笑着对学者说早上好，同样也叫出了他的名字。这让学者更惊讶。学者问她，她说上边有电话打下来，说您要吃早餐。随后，服务员把学者引到了餐厅，给他端上来一个点心。学者好奇地对这个颜色鲜艳的点心问这问那。"这个红的是什么？"服务员看了一眼，然后后退一步说："那是樱桃末"，"那个黑的又是什么呢？"服务员又看了一眼，后退一步说："是巧克力"。学者看她说话时总是向后退，又是纳闷，后来才知道服务员是害怕自己说话的唾沫落到点心上。

当然，这种情况在其他一些高级酒店中我们也会看到，然而员工能自觉自律地把这件事做得这样好，这其中不乏有荣誉感的驱动。正是因为她们心中以旅店为荣誉，所以她们工作充满热情，能尽心尽责地做好自己的分内事，并且非常小心，生怕自己的一个小小的错误给旅店沾上污点。正是因为有这样一群懂得创造、保护荣誉的员工，才使这家宾馆有了如此的辉煌。

为了增强团队的荣誉感，作为企业也应该让每名员工清楚地知道团队的现状和发展情况。把团队的发展和团队成员的前途紧密结合起来，如果团队成员不能认识到荣誉对他们、对他们的工作、对企业意味着什么，那么，团队的员工就没有动力去争取荣誉、创造荣誉。

同时，明确奖惩制度，使每名员工看到自己的努力到什么程度就会得到怎样的荣誉，在团队中创造争夺荣誉的氛围，那么，员工就会更有热情和动力投入到工作中。

成就感就是指一个人做完一件事情时，因为自己所付出的努力有了成就而产生的满足，心理学家马斯洛认为成就感是人类的高层次需求。

在物质产品如潮水般涌向人们的今天，精神上的快乐却似乎离人们越来越远；在以谋生为目的的工作中，快乐更是成了"奢侈品"。因此，中央电视台联手十多家媒体进行了一次"快乐指数"调查。调查显示在认为工作快乐的群体中，他们之所以快乐的绝大多数原因是"工作体现自己的能力和价值"，而"挣钱多"排在了最后。由此可见，现代职场人对于成就感有着强烈的关注，成就感是快乐最有效的催化剂。

一般情况下，人们在工作中贡献的力量越大，取得的成果越多，他的成就感就越强烈，然后他对创造更多的成就充满热情和动力。

楚汉相争初期，项羽的谋士要比刘邦多，可是到了最后，项羽的谋士像韩信、陈平都投奔了刘邦，结果刘邦胜利了。项羽武艺绝伦，并且他也懂得兵法，每次征战，项羽都要亲自上阵，把全部的荣耀揽于自身；而刘邦却是好色贪杯之人，但他却能把所有的荣耀分给他手下的将领和谋士。显而易见，在战争的成就感上，项羽的成就感是最强的，但最终他失败了，因为他没有让他的团队中其他成员也获得成就感。例如韩信，韩信的出谋划策都没有被项羽重视，于是韩信的成就感没了，工作的积极性也没了。

同样，如果让工作团队中的每个人都有展示自己的机会，当他们从工作中有所收获时，他们也收获了成就感，这种成就感会催促他们继续努力工作。而如果作为领导者处处插手，干预员工的工作，使员工失去了自主权，那么，员工就没有了成就体验，降低了员工的成就感。适度地放权，让员工在一定范围享有充分的自主权，才能极大地激发员工的成就动机，极大地满足员工的成就需要。

那么在团队中如何培养员工的成就感呢？

1. 减小工作团队

把工作任务交给小的团队组织，让团队中的每个成员都有更多的任务去完成，那么，每名团队成员所做的贡献就非常明显，这样就能增加团队成员的成就感。例如，做一项工程，就可以一个人负责外联，一个人负责设计，一个人负责采集材料，一个人招工人。这样每个人负责整个工程不可或缺的一部分，那么，当他们完成时，那种成就感就非常之大。

2. 让每名员工体会到自己的重要性

在一个团队中，一个人的地位越高越重要，那么，他就越能体验到更多更强烈的成就感。但是，在工作实践中，管理者只有很少的一部分人，那么作为普通员工又怎么能建立他们的成就感呢？这就需要团队为每一个成员规定明确且具体的责任，让团队中的成员认识到团队所取得的工作成果中有自己的一份贡献，使团队成员都认识到自己是不可缺少的一员，那么，团队成员就会为了早日看到自己的成果而努力奋斗。当团队成功实现自己的目标时，要对每个员工表示庆贺，让每个员工都分享自己劳动成果所带来的满足感。

3. 企业领导要学会授权

团队中的成员应该有充分的自由权，自主地决定自己该怎么做，而不能没有自己的意志，像一台机器那样完全受负责人的支配。如果这样工作，处处找负责人，不清楚自己所做的工作的目的，或想要达到的程度，在工作中就很可能出现失误。所以，企业管理者应该把适当的权力授予员工，员工担负起了业务重任，领导相信员工，鼓励员工创造性地工作，并且经常对员工给予鼓励和关怀。这样员工就会心怀感激，在工作实践中能全身心地投入，并且能总结经验，逐步提高自己的工作能力。员工肩负着领导的重托和工作任务，有了压力，也有动力，便能努力把工作做好。如果员工在工作中出现一些小的失误，那么，作为领导者要多鼓励，提高他们的自信心，多指导而不是批评和不管不问。只有这样，他们才能消除消极思想，继续努力。当他们有所成就的时候，他们就得到了极大的满足，并且这种满足感能促使他们继续努力工作，为企业创造更大的辉煌。

4.建立公正、透明的业绩比较平台

通过比较才能知道自己的位置，通过比较才能发现自己的欠缺。业绩比较能使优秀的员工得到极大的成就感，能提高他们工作的积极性。对于成就不明显的员工也是一种激励，让他们找到工作的动力，更加努力工作。当然这个结果要让人信服，就一定要制定清晰明确的考核办法，让每个员工都能明白努力的方向，这样才能激发员工的成就感。同时，让下属真正感觉到管理者在关注着他们，使他们看到一个机会。

5.多给员工提供培训机会

员工通过培训找到了自身的不足，并且也开阔了他们的视野。这样他们就能找到自己继续发展的方向，对自己的职业生涯有了个清楚的规划。那么，他们会更加努力，朝着自己的期望目标一步步前进。

6.给员工提供具有挑战性的工作

适度的挑战性工作能激发员工的工作热情，激发他们自身的潜能，使员工有一种通过努力达到成功的渴望。当员工通过努力实现了这个目标的时候，这份具有挑战性的工作会给员工带来极大的自信和成就感，会为他以后的工作带来积极的影响。

成就感比物质激励更有作用，它是激励一个人前进的强大动力和不竭的源泉。虽然，它的推动作用大于物质，但是，如果一味地强调精神鼓励，却没有一点物质上的鼓励，也不能调动员工的积极性，毕竟物质是基础。

这是我的责任！责任胜于能力

费拉尔先生是一家化妆品公司的老板，他用重金聘请一个叫杰明的副总裁，这个杰明非常有能力，他的档案中写着，他毕业于著名的哈佛大学，在来费拉尔公司之前，曾在3家企业担任高层主管。他曾经带领一个5人团队，用3年时间把一个20人的小企业发展成员工上千人、年营业额5亿多美元的中型企业。但是，他来到公司有一年多时间，却成绩平平，几乎没有为公司创造任何业绩。这样出色的人才，怎么会没有业绩呢？

费拉尔先生感到很奇怪，便去咨询人力资源专家，他对专家说："我绝对信任他是个非常有能力的人。"

"那么，你都了解他有哪些能力呢？"这位专家问道。

"在请他来之前，我曾请专业猎头公司对他进行了全面的能力测试，测试结果非常好。"费拉尔说，接着他又详细叙述了杰明的成功经历和他的具体才能。

通过费拉尔先生的介绍，这位专家认为，杰明是一个勇于接受挑战的人，工作的难度越大，越能激发他奋斗的欲望。这样的人才正是公司所需要的。后来专家又找到杰明，杰明终于说出了心里话："在刚进入公司的时候，我满怀激情，想要干一番大事业。但是，后来我发现公司有太多的规定束缚着我，让我没有办法放开手脚大干一场，这让我很失望，我工作起来也越来越觉得没有兴趣了。

原来，费拉尔先生总是喜欢指导手下，包括副总裁杰明，并且在用人上不放心，凡事都要请示他之后才能做决定。副总裁杰明手里根本没有自主权，遇到大小事情都要报告总裁决定，这样，他的副总裁位置形同虚设，根本没有发挥任何作用，俨然成了总裁的秘书。

后来，专家把杰明和费拉尔叫到一起，他们共同商量职权问题，分清两人负责的内容，这样两个人就是合作伙伴关系，这大大增强了杰明的责任感，他又重新找回了工作的热情。他们通过共同努力，做出了很多成绩。两人因此成为了亲密的战友。

由此可见，杰明心理上对总裁的行为不满，使他逐渐失去了对公司的责任心，其才能也在无形中被抑制住了。可见，强烈的责任心能唤醒能力，能激发人强大的潜力，带动起人的工作热情。

美国学者、思想家门肯曾说过："人一旦受到责任的驱使，就能创造出奇迹来。"强烈的责任感还能激发人学习进步的动力。

成员的责任心，是团队发展的坚实力量，是团队发展的防火墙，是成员恪守职业道德做好本职工作的重要因素。团队成员是否有责任心，责任心是否强烈，关系到整个团队的发展，有时候甚至会关系到团队的生死存亡。所以一定要培养和加强团队成员的责任心。如何强化员工的责任心？有以下几种方法。

1. 建立严密的工作流程

团队建立一个严密的工作流程，对工作的每一个环节，都具体分配到员工身上，明确每名员工做工作时应该第一步做什么，第二步做什么，最后做什么；每一步做到什么程度。规定制定得越详细越好。这样员工工作起来才会有章可循，才能做到有的放矢。这样团队才能衡量成员在完成任务时是否尽职尽责。如此这般，员工自然就可以尽职尽责。并且员工明确了每个工作环节应该做的事情，所以做起来效率会大大提高。员工在工作中看到自己工作的效果，会大大提高他们工作的积极性和责任心。

2. 建立行之有效的监督制度

制定了严密的工作流程之后，接下来就是要求员工按照流程准确及时地完成工作。人都有懒惰心理，所以，需要一定的监督制度。企业制定的制度如果不能实施，那么就形同虚设。建立监督制度可以有效地约束员工的行为，督促他们在自己的工作岗位上积极努力工作。可以在企业内部设立监督部门，还可以让各部门之间进行监督。不仅要设立企业内部的监督机制，在企业外部也需要有人对公司进行监督。例如，可以让顾客、合作伙伴、供应商等等在外部监督企业员工的行为。让员工的责任心在工作中时刻处于警惕状态，不敢有丝毫的松懈。同时，企业各个管理人员更应该以身作则，严格按照企业的规章制度去做事，给员工树立榜样。

3. 多鼓励员工，让员工感到自己在企业中很重要

作为领导尤其不要吝啬对自己下属的表扬，即便是一句简单的"谢谢"都会使员工焕发工作的激情。老板对员工认可，会给员工很大的鼓励，这种鼓励能使员工更加热爱工作，并增强自己的主人翁意识，增强对工作的责任感。口头上的鼓励要适当使用，企业不能只是口头鼓励而一毛不拔，适时给表现突出的员工一个小物质奖励，会使员工心中感到更加温暖，增强他们对企业的认同感和归属感。例如，美国航空航天局（NASA）会给表现突出的员工颁发一个银色的史努比雕像。虽然这只小狗徽章不值什么钱，但NASA颁发该奖项的方式却非常吸引人：它会邀请获奖员工的家人一起到场见证他的受奖时刻。这种方式大大增加了这名员工的责任心。

4. 多和员工沟通，为他们答疑解惑

企业的制度或原则都是明文写在纸上的，具有一定的抽象性，因此，有时候员工会不理解企业对自己的具体要求，不知道企业到底要求员工要做到什么程度。这时候就需要企业领导多走进工人圈，帮助他们理解企业的理念和文化，化解他们的疑问。

例如，一家公司的员工心中总是有抵触情绪，做事消极。领导便找他谈话，问他原因，他说是企业没有给他提供自主创新的机会。领导又问："你怎么知道没有呢？规章制度上不是说了吗？"员工一脸疑惑地说："真的吗？但是我从来没有看到其他员工在工作中有过什么创新。"领导问："那你可以尝试一下啊，企业很需要这样的人才，不要担心成本和时间问题，只要你上报的材料上边认可，就会给你提供充裕的时间和足够的资金。""好！"员工脸上露出了灿烂的笑容。

这种情况在工作中非常普遍，员工往往都没有深入理解企业的规章制度，而多是通过同事之间的交往、观察，来猜度公司的一些做事规则。这样，你看看我，我看看你，别人没有做，自己就不做。其实不一定是规章制度上没有，而是没有人去做，于是久而久之，员工心中就以为是企业不让做。这就压抑了员工工作的积极性。所以，经常和员工沟通，多了解员工的想法，解开他们心中的疑惑，会使他们更容易认同企业，增加他们对公司的责任感。

5. 多开展思想教育活动

一个员工热爱并忠于自己的本职工作，就会尽心尽力，发挥最大潜力投入到

工作中，会把工作当成一种需要、一种享受。所以可以多给员工做思想工作，向员工灌输企业文化、理念等，让员工在心里与企业达成共识，并把爱岗敬业、负责的思想扎根在每个员工的心里，让每个员工都对公司未来的发展充满期待和信心。引导他们制定人生职业规划，使员工感到，在企业中工作，不仅仅是在给企业工作，还是在实现自己的人生价值，把企业的发展和个人的发展紧密联系起来。多开展一些集体活动，增进员工之间的友谊；当员工之间发生矛盾的时候，企业要协调好员工关系，尽量使两者不要太冲动，总之，建立一个和谐的企业氛围，这有利于增强员工的工作积极性和责任感。

6.正确地授权

作为领导者要学会授权，懂得授权既可以减轻自己的劳动量还能提高员工的工作积极性。使他们在挑战任务的时候提高对工作的兴趣和热情。领导者授权给员工，这就意味着领导要依赖这名员工完成任务。这会使员工感到领导对他的期望，感到自己身上责任重大，这就大大增强了员工的责任感。这时领导可以进一步获取员工的承诺，这样能起到督促作用，使员工能自觉地完成工作任务。

培养团队责任心的方法虽然还有很多，但关键还是要员工和企业认识到培养责任心的重要性，并能相互积极努力配合，把培养员工责任心的意识落实到实践中。

⚓ 工作无小事！细节决定成败

任何一项伟大成就的完成都是由小事情一点一滴积累起来的，所以说，注重细节，才更容易取得成就。能做好一个细节容易，但是处处细节都能完美地做好，时时刻刻注重细节，是非常困难的。有时候平凡者和伟大者的区别就在于是否能持之以恒地注重细节。

密斯·凡·德罗是20世纪世界最伟大的建筑师之一，当今全美国最好的戏剧院不少就是出自德罗之手。他曾概括自己成功的原因是："注重细节"。他反复强调，不管你的建筑设计方案怎样宏伟大气，但如果对其中的细节没有把握到位，就不会做出一件好的作品。德罗在设计每个剧院的时候，会把每个座位和音响、舞台之间的距离以及因距离差异而导致不同的听觉、视觉感受精确地测算出来，计算哪些座位可以获得欣赏歌剧的最佳音响效果和视觉效果，哪些座位需要怎样的调节能达到最佳听觉效果和视觉效果。然后，他会一个座位一个座位地亲自去测试和敲打，然后再对摆放方向、倾斜度、螺丝钉的位置等等小的方面进行调整。这是他一贯的工作作风，他会精神饱满地投入到工作中，不放过任何一个细节。

正是因为密斯·凡·德罗注重细节，所以他能设计出那么多优秀的建筑；正是因为他始终如一地注重细节，使他美名远扬，成为伟大的建筑师。可见，细节能使一个人成功，注重细节能使一个人变得伟大。

作为团队只有注重细节的积累，做好工作中每一件细微的小事，在每一个细节上下足工夫，建立"细节优势"，才能保证基业常青。否则，就会有损团队形象，给团队的发展带来阻碍。

在5月份母亲节到来的时候，一家公司向一家知名的皮具公司订购了一批皮包，用来发给已经做母亲的员工。这批皮包做工非常精美，质地优良，得到了大家的认可。到6月份父亲节的时候，公司员工还希望能赠送皮包，于是这家公司向该皮具公司订购了一批皮带，作为父亲节的礼物。但是，这批皮带发到员工手中不久便出现了问题，大家发现有些皮带没使用几天，皮带扣中间的插销就脱落了，而一旦插销脱落，皮带就无法使用了。这家公司迅速联系该皮具公司，原来皮具公司在生产中，有少部分皮带扣漏掉了一道小工序，所以才导致皮带扣中间的插销容易脱落。虽然这家公司对坏的皮带扣进行了退换，并向公司表示了歉意，但他们产品的质量在员工的心目中已经大打折扣了。

试想一下，如果这家皮具公司能够持之以恒地坚持做好每一道工序，圆满完成每个细节，那么这个问题就不会出现。那么，该公司的皮具质量就会得到他人的认可，他人就可能成为这个品牌皮具的忠诚消费者。

海尔总裁张瑞敏说：什么是不简单？把每一件简单的事做好就是不简单；什么是不平凡？能把每一件平凡的事做好就是不平凡。细节是鸿篇巨制的一个单词，细节是万仞高山上的一个石子。只有注重细节才能成就伟大。

飞机徐徐降落在东京国际机场，一家知名汽车生产公司的总工程师约翰先生踌躇满志地走下舷梯。他此次是代表公司来和日本一家生产高档轿车的公司洽谈合作的。他们所在的公司准备和日方谈判，为它们提供轿车及附件。如果这次谈判顺利，那么，约翰所在的公司将会获得巨大的经济效益。

日方对这次谈判也极为重视，他们专门派出一位年轻有为、处事谨慎的副总裁兼技术部课长冈田先生前来迎接。约翰办完通关手续后，走出大厅，来到举着欢迎他的小牌子的人面前，与冈田一行一一握手。宾主寒暄几句后，冈田亲自为约翰打开车门，示意请他入座。

约翰刚进入车里，便随手"砰"地一声关上了车门，声音特别大，冈田看见车身都微微颤动了一下。冈田见此情景，不禁一愣，想到："是因为长度跋涉，约翰先生劳累而情绪不佳，还是因为办理繁琐的通关手续让他心烦？我们要小心侍候。"

一路上，冈田一行显得非常热情周到。轿车刚一停下来，冈田便快速下车，小跑着绕过车后，要为约翰开车门。但此时，约翰打开车门下车了，他又随手"砰"地关上车门，并且这次的声音更大，好像用了很大的力气。冈田又疑惑地愣了一下。

　　洽谈会议安排在第三天，日方在第一天为他们安排了紧张的考察，日方董事长亲自接见约翰，这让约翰非常满意。接下来两天里，冈田极尽地主之谊，全程陪同约翰游览东京各处的名胜古迹和繁华街景。约翰显得兴致极高，但他回到酒店下车时又是重重地"砰"地一下关上车门。

　　冈田不禁皱了下眉，片刻后，他终于小心地问道："约翰先生，我们有什么安排不妥的地方，还望先生海涵。"约翰显然没什么不满意的："冈田先生能把什么都考虑得如此周到细致，我非常感谢。"说话时，约翰脸上充满真诚。冈田却好像若有所思。

　　第三天终于到了，约翰下车后，又是重重地"砰"地关上了车门。冈田暗中向手下的人吩咐几句后，便丢下约翰，径直向董事长办公室走去。约翰正感到有些莫名其妙，冈田的手下人客气地把他请到了休息室，说冈田课长有急事要和董事长谈，请约翰先生稍等片刻。"

　　冈田来到董事长办公室严肃地说："董事长先生，我建议取消与这家公司的合作谈判！至少应该推迟。"

　　董事长问："为什么要取消呢？谈判时间就要到了，这样随便取消，有失诚信。再者说，我们有什么理由推迟或取消谈判呢？"冈田说："我对这家公司缺乏信心，这几天我一直陪同这位约翰先生。我发现他每次下车的时候总是重重地关上车门。开始我还以为他是发脾气，后来我发现，这是他的一个习惯。约翰先生是这家汽车公司的高层人员，平时坐的一定是他们公司生产的好车。他平时都是重重关上车门，那么说明他们生产的轿车车门不容易关牢，容易出质量问题。好车尚且还如此，一般的车辆更不知道该是什么样……虽然我们把轿车和附件给他们生产，成本降了很多，但一旦出了质量问题，就会砸了咱们的牌子。还是请董事长再考虑一下。"

　　就是这样一个关车门的小动作，相信一般人都不会注意到，但恰恰是这个在别人眼里微不足道的小事，却被冈田抓到，并从中分析出了一条重要信息，通过深度考虑，从而帮助公司避免了可能遭受的重大损失。

　　当我们认真去对待我们的工作，想要把它做得完美时，会发现那并不是一件容易的事，我们还有很多地方做得不足。

　　例如，如果我们正在做秘书工作，每天做着程序化的工作，如果我们想把它做得完美，就应该考虑如何提高工作效率，那么我们可以找到很多解决的办法，比如提前把一天的工作都写下来，认真完成每天的工作。整理资料的时候把资料按时间先后，或事情的轻重进行分类存放，避免需要时到处找。每天接打电话的时候，是否能够跟对方进行友好、有效的沟通。针对不同的人，在电话中都应该怎样表达。如果我们是服务人员，应该考虑是否顾客的每次提问都能回答得上来，要加强哪方面的知识的学习。整理房间的时候，先做什么，再做什么，最后做什么，以便快捷地整理好房间。

可是，有些员工总是认为自己的工作无足轻重，不值得一做，即便是做得完美，也没有什么发展。要想摆脱这种不良的情绪，我们提出以下几点建议。

第一，当我们接到一项任务时，要时刻暗示自己这是一件重要的大事，虽然看着不起眼，看似很简单，但是在整个项目中它起着至关重要的作用。然后可以试着想一想，如果这件事情做不好会发生什么事情。自动给自己加压，从而促使自己重视起这份任务，积极主动地开动脑筋、发挥潜力去把它做得尽善尽美。

第二，当我们把事情做得接近完美时，要让周围的人知道。不论我们所负责的工作是多么的平常、多么的不起眼，但只要我们细心工作，充分发挥自己的聪明才智，就可能做出让周围人惊讶的成绩来，会迎来他人的赞美。当一个人得到他人赞美的时候，会有动力把自己的事情做得更好，对自己完成工作具有很强大的激励作用。例如，你想出了一个很好的工作方法，并且肯定这个工作方法能大大提高工作效率，那么，不妨说出来。当他人通过你的建议，的确提高了工作效率，也就会对你产生好感，就会不由自主地宣传你的想法，或者在工作中主动帮助你，这样就大大提高被老总赏识的机会，也会提高你的工作质量和效率。

第三，工作时要非常认真、仔细。这是一种工作态度，不论你心中认为这项任务是否是小事，都去用认真负责的态度去做事，一丝不苟地完成它。那么，长期积累下去，也许有一天，我们会意外地发现已经做出了了不起的业绩。

总之，作为一名工作人员，无论我们手头中的工作多么的微不足道，只要有益于自己的工作和事业，我们都应该把它完成得尽善尽美。

人在一起叫团伙，心在一起叫团队